ETICA DEL AMOR
Y PACTO ENTRE GENEROS

Colección
Ecología Humana

ECOLOGIA HUMANA
Luis Carlos Restrepo, 3a. ed.
ETICA DEL AMOR Y PACTO ENTRE GENEROS
Luis Carlos Restrepo

LUIS CARLOS RESTREPO

ETICA DEL AMOR
Y PACTO ENTRE GENEROS

SAN PABLO

Luis Carlos Restrepo

Nació en Filandia (Quindío) en 1954. Es médico psiquiatra de la Universidad Nacional de Colombia y magíster en Filosofía de la Universidad Javeriana. Ha sido profesor universitario y actualmente es Asesor de Proyectos en Psiquiatría Social.

Es autor, entre otros libros, de "El derecho a la ternura" y "Libertad y locura".

© SAN PABLO 1998
Carrera 46 No. 22A-90
Fax: 2684288 - 2444383
Barrio Quintaparedes
E-mail: bog08997@inter.net.co

Distribución: Departamento de Ventas
Calle 18 No. 69-67
Tels.: 4113976 - 4114011
Fax: 4114000 - A.A. 080152

SANTAFE DE BOGOTA, D.C.

"Imaginémonos una empresa donde el gerente y la secretaria y el contador y el tesorero y el conductor y el mensajero y todos los demás empleados, tengan entre sus elementos de dotación una caja de herramientas con el equipo indispensable para realizar reparaciones de plomería, carpintería, mampostería, electricidad y todas las demás artes que exige el mantenimiento de un inmueble. Todos los empleados, menos uno, precisamente el encargado del mantenimiento, tiene también una caja pero con sólo la mitad de las herramientas necesarias.

Algo tan, aparentemente, absurdo sucede en nuestros cuerpos: todas nuestras células poseen toda la información genética necesaria para obtener reproducciones de cada uno de nosotros, con excepción de unas, las células sexuales, las encargadas de la función reproductora que poseen sólo la mitad del material genético.

¿Por qué?

Precisamente porque la vida quiere evitar reproducciones, fotocopias. La vida quiere asegurarse de que cada nuevo individuo —y en general cada nueva generación— sea distinto de sus progenitores.

Hablamos erróneamente de 'células reproductoras', de 'sistema reproductor' y de 'reproducciones', cuando deberíamos hablar más acertadamente de 'células diversificadoras', de 'sistema diversificador' y de 'diversificarnos'. O de 'divertirnos'.

El fenómeno que hace posible la diversificación —el sexo— apareció hace aproximadamente mil millones de años. Recordemos que la vida lleva 3.500 millones de años en la Tierra. Es decir, que durante más de dos terceras partes de su existencia sobre el planeta la vida evolucionó sin la presencia del sexo.

De hecho, a partir de que todos y cada uno de los organismos surgidos como el intercambio de genes —la sexualidad— por definición ya no descienden de un solo progenitor sino de dos, y de que sus características son el resultado de una recombinación más o menos aleatoria, nace la individualidad. La singularidad. Cada organismo es único, singular e irrepetible".

Gustavo Wilches-Chaux
Sexo, muerte, biodiversidad y singularidad

Prefacio

Partiendo de la analogía que se establece entre los ecosistemas naturales y el mundo de las relaciones interpersonales, la Ecología Humana nos acerca al ámbito de las relaciones afectivas que establecemos con los demás, teniendo presentes tres supuestos básicos: la existencia de un creciente analfabetismo emocional en el mundo contemporáneo; la interpretación de este analfabetismo como parte de un desastre cultural que afecta por igual a todos los estratos sociales; y la necesidad de proceder a una adecuada representación de este conflicto, para iniciar un trabajo de reconstrucción cultural mediado por el paradigma de la ternura.

En este segundo volumen de la colección de Ecología Humana *que ofrecemos a nuestros lectores, entramos de manera particular a la esfera de la educación sexual y afectiva, pues creemos que en ella se encuentran las raíces de gran parte de la problemática socio-cultural y valorativa que afecta al mundo contemporáneo. La crisis de la pareja y las dificultades para la vivencia en la intimidad, expresadas en crecientes sentimientos de soledad y abandono que nos inundan en medio de las grandes urbes, son una típica manifestación de este analfabetismo afectivo, que algunos psiquiatras han denominado alexitimia. Es decir, etimológicamente hablando, dificultad para leer nuestras propias emociones.*

Como parte del desastre ecológico de la interpersonalidad, la alexitimia expresa el exceso de funcionalización de la vida sexual y afectiva, que la tradición machista de nuestros pueblos resume en un adagio crudo e insultante, que es bueno recordar: "Dos cucharadas de caldo y mano a la presa". El encuentro erótico se ha deformado y polucionado por un afán de penetración, por una compulsión genital que niega la delicadeza de la caricia, para abrir paso al mutuo agarre y manoseo de los cuerpos. En medio del hastío genital, se hace necesario reintegrar la sexualidad a una dinámica más amplia de la afectividad y la vida, por lo que entendemos que la auténtica pedagogía sexual es, y será siempre, una educación para la ética y el sentimiento.

Ante la voracidad sexual y afectiva que nos caracteriza, es preciso mejorar la calidad de nuestros ecosistemas interpersonales, generando mecanismos culturales que permitan ofrecer resistencia al afán de productividad y a la tentación del monocultivo. Pues también la vida sexual y afectiva aparecen tensionadas por un modelo de eficiencia y homogeneización, que desconoce la insustituible singularidad del encuentro amoroso.

Al aplicar el enfoque de Ecología Humana a este campo íntimo y sentimental, pretendemos dar claves para manejar con tacto y delicadeza el conflicto entre dependencia y singularidad que existe en todo ecosistema, pero que se agrava en la vivencia humana por nuestra torpeza para enfrentarlo. Tal como lo sugerimos en el primer volumen de esta serie (Ecología Humana: Una estrategia de intervención cultural), los pasos pertinentes para lograrlo deben encaminarse al cuidado de los nichos afectivos, impidiendo que se vean afectados por la polución y la contaminación comunicativa, propósito que alcanzamos poniendo en marcha pactos de ternura.

El pacto de ternura toma el carácter de pacto entre los géneros, que permite superar el analfabetismo afectivo, asumiendo con delicadeza el conflicto entre dependencia y singularidad, abriéndonos sin torpeza al encuentro amoroso. En tanto aventura social que nos compromete en una reconstrucción cultural y una revolución afectiva de la proximidad, la ternura se presenta como un horizonte ético que nos capacita para la reflexión sobre el poder y el amor, preparándonos para el momento sublime e indelegable de la decisión. Es decir, para el momento de asumirnos como sujetos a la vez éticos y estéticos, sexuados y libres, capaces de explorar los ámbitos más delicados de la convivencia.

Adentrarnos en la sexualidad es hacerlo en la cantera donde se produce la horma inicial de la simbólica humana, es avizorar ese taller cultural donde el cuerpo es troquelado de acuerdo al código del deseo. Estas razones podrían ser suficientes para integrar la problemática sexual y de género al dominio de la ética. Existen sin embargo otras que vale la pena mencionar. Si tuviésemos que buscar las raíces vivenciales de la ética, hasta descubrir su savia experiencial, sin lugar a duda llegaríamos al territorio de los afectos. Curiosa paradoja para quienes han pretendido colocar los valores en un mundo donde sólo es bienvenida la pasión argumentativa, que despliega sus figuras y silogismos con la impasividad propia de una voluntad que se declara soberana y autónoma. Reconfortante hallazgo para los que consideramos que las más preciosas construcciones de la razón pertenecen al orden de los sentipensamientos, siendo la ética pulidora de emociones, de la misma manera que el artesano pule con pericia el material precioso que se le encomienda.

Las argumentaciones éticas que se complacen en desgajar valores desde principios universales y abstractos, corren el peligro de asumir en la vida familiar y cotidiana la forma de la cantaleta: repetición vacía del deber ser, contemplación onanista de un principio de autoridad que se solaza en afirmar la rigidez de la ley, como una especie de escollo contra el que chocan y perecen los seres singulares. Más que impositiva, la ética debe ser regulativa, dispositivo cultural para favorecer el libre juego de las fuerzas y no un yugo jerárquico que las asfixia, absolutizando la obediencia. Abandonando la arrogancia de una geometría euclidiana del espíritu para acceder a una geometría topológica del tacto y la inmanencia, entendemos sin sobresalto que toda ética se abre en el plano vivencial a una estética, siendo la primera —la ética— la manera como modulamos la fuerza a través de los argumentos, y la segunda —la estética— la manera como lo hacemos a través de los sentimientos. Bien sea que lleguemos al mundo de los valores por la vía de la reflexión, o por la vía de las emociones, de todas maneras nos encontraremos siempre con esa tríada constitutiva de la ética, que reúne de manera inseparable las experiencias de la libertad, la decisión y la singularidad. Experiencias que se encuentran íntimamente ligadas a la vivencia amorosa.

Es por eso pertinente preguntarse: ¿Cómo se agencian estas experiencias desde la vivencia del amor? ¿Qué papel juega en su construcción la dinámica de choque e interlocución entre los géneros? ¿Qué ética y qué estética cabe esperar para la que, Arquíloco de Paros, llamaba la "pasión desmembradora"? ¿Cuál es el alimento ético del amor y cuál el nutriente amoroso de la ética? ¿Cómo provocar las fuerzas de la libertad, la decisión y la singularidad, en medio de la extrema dependencia y fragilidad que caracterizan al viaje amoroso?

Siendo la ética una estrategia de afrontamiento, es casi afirmación de perogrullo decir que toda ética es para la crisis y el conflicto. ¿Cómo podría serlo para la armonía si reivindica la decisión? ¿Cómo podría asegurarnos contra la angustia si prefiere la libertad? ¿Cómo podría anidarse para siempre en el consenso, si tiene como horizonte la emergencia de la singularidad? Pero, entre todos los conflictos, el que más demanda nuestra vigilancia ética es el conflicto amoroso que, convertido en vivencia cotidiana de la familia o la pareja, asume el carácter de conflicto sublime, donde enfrentamos con riesgo de aplastamiento y muerte —no sólo física, sino espiritual y psicológica— a los seres que más amamos. Es en la aventura del amor donde ponemos a prueba en su más fina filigrana la manera de regular los usos del poder, pues es allí donde la fuerza se ve nacer de la más extrema fragilidad, donde la singularidad se abre a la más desnuda dependencia.

Desde tiempos inmemoriales existe en las mitologías y en la charla cotidiana un estrecho parentesco entre los rituales de cacería y los cortejos amorosos, hablándose hasta el presente de "conquista" para tipificar la victoria sobre el ser amado. Estas expresiones no corresponden a un arquetipo inmodificable de la especie humana. Entre otras cosas, porque ninguna forma de amar es natural —producto de un instinto—, pues todas son expresión de la manera como las culturas pretenden perpetuar sus valores, fundiéndolos con los comportamientos eróticos. Si el amor es producto de la conjunción de la sexualidad con el poder, tensionados ambos por un ideal ético, es preciso aceptar que toda educación afectiva y sexual es, a la vez, una educación política, pues tiene que ver de manera directa con la aplicación que se hace del poder en relación con el cuerpo propio y el ajeno. Es por eso que en beneficio de un interés de libertad, una pedagogía amorosa debe tematizar de manera crítica el hori-

zonte de poder hacia el que tiende, haciendo explícito si anhela la cogestión o perpetúa el autoritarismo.

No es conveniente perpetuar viejos modelos de sumisión guerrera. El amor es un campo abierto a la creatividad cultural que permite, además, actos de insurgencia afectiva, para convocar a longevos fantasmas que nos rondan y obligarlos a aprender, en el viaje pasional de nuestros cuerpos, una nueva alquimia sexual surcada por la delicadeza. La vida de pareja, o el encuentro sexual, son terreno propicio para un combate sublime. La sensibilidad se exacerba borrando el límite que separa el placer del dolor, mientras las singularidades se enfrentan ateridas, ante el misterio que nace de la mutua compenetración y solubilidad de los cuerpos. Momento en que, extasiados ante la placidez que genera la mutua acogida de los gestos, nos sentimos impactados por el goce derivado de la activación simultánea de la fragilidad y de la fuerza.

Arrastrados por este combate podríamos caer en la guerra sucia, hiriendo al otro en su fragilidad, agarrándolo con mezquindad cuando vemos perdida la batalla. Pero también es posible y deseable enamorarse de la diferencia, accediendo al vértigo que produce la confrontación de nuestra identidad. Ingresar a un cuerpo ajeno, con el cuidado del viajero que se quita las sandalias para adentrarse en un templo extraño, es la manera de aprovechar el combate amoroso para educarnos en la democracia, en la cogestión sensorial y en el uso delicado de la fuerza. Pues al amar podemos herir hasta la infamia o modelar la pasión hasta lo sublime, estando en nuestros labios acceder al beso mordelón —vehemente pero cuidadoso— que se contiene al empezar a herir, para no terminar en el mordisco o el aplastamiento. Porque, sin importar la intensidad de la pasión que nos arrastra, siempre está en nuestras manos optar entre escarbar o acariciar, escogiendo entre el despotismo afectivo o la sabiduría amorosa.

El amor es el pasaje eterno y equívoco donde se cuecen los sentipensamientos, la arena cotidiana donde se modulan las fuerzas, el escenario micropolítico donde se energetiza la ética, esfera que se levanta ante nosotros alimentada por el cruce peligroso y sugerente de la sexualidad con el poder. La vivencia amorosa es, sin lugar a dudas, la contraparte estética del universo axiológico, el mar insondable y embravecido donde —como decía Hume— la razón se muestra esclava de las pasiones, obligada a encontrar en medio de impulsos y afecciones, las figuras de la prudencia y la libertad.

Primera parte

El ámbito erótico: tejido sexual y afectivo

Sexualidad: cruce entre naturaleza y cultura

La sexualidad se encuentra en un punto de cruce entre la naturaleza y la cultura, a mitad de camino entre la genética y el símbolo, residiendo en esa ambigüedad su fuerza e innegable importancia para la aventura humana. Lo que diferencia a la sexualidad humana de la animal es haberse liberado de un patrón genético fijo, abriéndose por completo a la influencia de los símbolos. Nada más predecible y estereotipado que un cortejo sexual animal, sometido a ciclos climáticos y fácilmente cronometrable. Nada más variado que la forma como diversas culturas e individuos expresan sus búsquedas sexuales.

La cultura empieza allí donde la naturaleza ha dejado algo sin reglamentar, como si los seres humanos intentaran conjurar el temor que les produce lo azaroso, recurriendo a complicadas reglas sociales y a elaborados juegos lingüísticos para afirmarse frente a la incertidumbre. La sexualidad es, por eso, una de las canteras preferidas por la organización cultural para expresar su fuerza constructiva, produciéndose con las costumbres sexuales algo similar a lo que acontece con los hábitos alimenticios y con las variaciones en el uso del vestido. En general, el lenguaje y los símbolos, encuentran siempre en las vivencias corporales que están a mitad de camino entre la naturaleza y la cultura, el más firme anclaje para su expresión y reproducción.

No tiene, por eso, sentido, buscar las leyes primigenias y soberanas que rigen la sexualidad humana, porque la caracteriza precisamente su apertura a una indeterminación biológica, que se convierte en fuente de variabilidad cultural. A través de los usos sociales predominantes en uno u otro grupo humano, la cultura moldea a la naturaleza, la que a su vez señala a la dinámica simbólica caminos alternativos de realización. En la manera como se orienta y reglamenta la experiencia amorosa y sexual se conoce de primera mano el espíritu de los pueblos.

La sexualidad es fuente de sentidos culturales, fuerza ordenadora de la significación humana, código predilecto de las culturas para expresar, tanto sus visiones cosmogónicas, como sus rituales cotidianos. En tanto fuerza necesaria para la dinámica cultural e interpersonal, la sexualidad es objetivo predilecto de las estructuras de poder, que buscan capturarla para obligar de esta manera a los individuos a permanecer entre sus redes. Decir algo sobre la sexualidad es enunciar, de manera simultánea, un saber sobre la política y la religión, sobre las leyes que rigen la vida de una comunidad, sobre la manera como nos abrimos al mundo o como se castiga la transgresión.

En tanto terreno cultural, la sexualidad es una construcción simbólica que nos abre al campo azaroso de la libertad. Podemos inclinarnos por integrarla a sistemas violentos, de sometimiento y terror, o asumirla como un campo cogestivo de ternura. En uno u otro caso, su significado es construido en la interacción cotidiana, de cara a los otros, en una fina red de relaciones recíprocas, donde aprendemos a ser lo que el deseo del otro nos atribuye y confiere. La sexualidad es un tejido cultural donde cada uno de nuestros comportamientos y creencias representa una puntada que se ligará a otras puntadas y actitudes, para construir finalmente los múltiples matices de la vivencia amorosa.

Estética social

La conducta sexual es un comportamiento ético que remite siempre a un asunto estético, al campo de lo que podríamos llamar *estética social*. Estética, porque lo que está en juego es una forma de sensibilidad; y social, porque no se trata de la experiencia individual de quien contempla una obra de arte, sino de los afectos que compartimos con el grupo y que terminan, de una u otra manera, decidiendo el curso de nuestra experiencia amorosa.

El campo de los sentimientos colectivos está cruzado por imágenes y metáforas, que no podemos descuidar por atenernos a un lenguaje preciso y analítico en nuestra relación con los demás. Las canciones populares, que actúan como educadoras sentimentales de la población, están llenas de expresiones poéticas y pasionales que nos orientan en nuestro comportamiento sexual y afectivo. Preguntarnos por la estética social de cualquier ambiente cultural, es hacerlo por esas imágenes, metáforas o sentimientos que predominan en el alma colectiva, induciéndonos a vivir nuestras experiencias amorosas de una manera determinada.

Basta constatar que muchas de estas canciones nos sugieren el despecho, o nos invitan a la violencia cuando nos enfrentamos al fracaso amoroso. Igualmente, en la manera de vestir, en los chistes o piropos, en la forma de caminar o de relacionarnos con el espacio, podemos ver los efectos de esta estética social, de esta vivencia colectiva de las pasiones y sentimientos que es fundamental al momento de expresar el comportamiento erótico.

Recuperando la metáfora

La educación colectiva de la sensibilidad se realiza, de manera cotidiana, a través de un lenguaje cargado de metáforas y giros alusivos a los encuentros eróticos, expresiones coloquiales que en ocasiones bordean los límites de lo ofensivo. Pero no podemos simplificar estos giros populares, considerándolos producto de la ignorancia, para lanzarnos de contragolpe a un lenguaje analítico y frío que se alimenta de la racionalidad anatómica del conocimiento médico. De lo que se trata, más bien, es de reconstruir ese universo metafórico que rodea a la sexualidad, haciéndolo más propicio a una actitud respetuosa del goce íntimo y la singularidad.

Un amigo me comentó hace poco que su pequeña hija le soltó una de esas preguntas embarazosas, que por lo general los padres no sabemos contestar. "¿Cuál es la diferencia entre pene y pipí?", interrogó la chica. Después de pensarlo un poco y de suponer que no existía ninguna diferencia, respondió con un lacónico: "No sé". "Mira —le dijo ella—, pene se dice en los libros y pipí es de verdad". Buena manera de mostrar la diferencia que media entre el lenguaje sexo-anatómico y los términos coloquiales y metafóricos con que nos referimos a la sexualidad. Pues, de verdad, aunque moleste a los fisiólogos y naturalistas, cosa muy distinta es decir pene a decir "pipí", al igual que es diferente decir vagina que utilizar el término más cálido y coloquial de "cuca".

Si nos atuviéramos a un lenguaje preciso y analítico, muy poco podríamos decir sobre la vida sexual, ni expresar cosa alguna sobre la afectividad en la existencia humana. De metáforas están cargadas nuestras comunicaciones cotidianas, los lenguajes amorosos y los símbolos que a diario acompasan nuestras vidas. La metáfora, aliada de la imaginación, es la vena oculta que alimenta a toda ética, pues en su fuente beben, con sigilo, los modelos científicos, la filosofía y la religión. Eso que llamamos verdad no es más que una metáfora congelada que, en un ataque de arrogancia, olvidó el camino de su construcción.

Reinsertar la metáfora en el corazón de la dinámica sexual es empezar a entenderla como clave simbólica que expresa, en el terreno del lenguaje, un poder de transposición de la realidad y un abanico de posibilidades para los cuerpos que, así no nos demos cuenta, se mueven al compás sugerente de las palabras. Quien recurre a la metáfora es un viajero que carga de un sitio a otro con los signos —en griego *metaforeo* quiere decir "*trasteo*"—, reorganizándolos según nuevas exigencias espaciales y locativas. Quien trabaja la metáfora está atento a los desplazamientos que se producen en las relaciones sociales para labrarles un sentido en el lenguaje, pero también es un explorador que perfila, en los símbolos, los acontecimientos afectivos que hacen posible la articulación de la energética sexual a la cultura humana.

Sexualidad: dinámica sacra

Una de las preocupaciones básicas al abordar la sexualidad es cómo hacerlo sin caer en la obscenidad. Se trata, en este caso, de un delicado asunto de reciprocidad afectiva, pues desde una visión ética que considera preferible un mundo donde las relaciones interpersonales no están jerarquizadas a partir de la desigualdad, ni desde intereses de manipulación y sometimiento, se hace necesario tematizar la sexualidad desde una actitud de respeto a la diferencia, de fomento al crecimiento de la singularidad y de enriquecimiento lingüístico y simbólico de nuestros encuentros amorosos, para poder, de esta manera, enfrentar constructivamente los conflictos interpersonales, sin terminar aplastando a quienes nos rodean.

Considerando la sexualidad y la afectividad como aspectos básicos de la vida humana, cabe entender que su expresión por fuera de cauces que impliquen respeto a la intimidad, puede conducirnos fácilmente al autoritarismo y la violencia. Bajo esta perspectiva, lo sexual y lo afectivo adquieren una dimensión similar a lo que la sociología comparada de las religiones denomina la experiencia de lo sacro. Se trata, en estos casos, de una faceta de la existencia humana que no podemos reducir a un simple poder instrumental, exigiendo su manejo la ubicación de un justo medio para impedir enfrentamientos y polarizaciones, que puedan conducirnos a severos conflictos en la cotidianidad.

Es por eso fundamental distinguir lo erótico, de lo obsceno y lo pornográfico. Esto no supone considerar de antemano nociva la representación de ciertos conflictos sexuales o eróticos, ni la presentación de escenas íntimas o pasionales. Ninguna relación sexual o afectiva es, por sí misma, censurable. Se considera, eso sí, reprochable, que se simplifiquen o banalicen dichas representaciones, mostrándose, de manera repetida, como alternativa viable y deseable, situaciones donde la manipulación y objetivación del otro se torna cotidiana y justificable. Salimos del campo del erotismo para transitar hacia la obscenidad y la pornografía, cuando reducimos la vivencia amorosa a un sometimiento de la sexualidad a ejercicios de poder que no tienen horizonte diferente al interés manipulatorio.

Afán de obviedad

La obscenidad y la pornografía se diferenciarían del erotismo por su afán de obviedad, de mostrar al educando estrategias de conquista carnal o ángulos de las relaciones sexuales de manera esquemática, utilitaria y simplificada. La pornografía tiene incluso lo que podríamos llamar un interés anatómico, dirigiendo la cámara sobre escenas donde la obviedad del comercio sexual desplaza cualquier otro interés o contexto simbólico.

El erotismo, al contrario, se articula de manera plena a la ambigüedad humana, mostrando que lo sexual es algo más que lo coital, impregnando las relaciones cotidianas con una carga siempre presente, pero sutil, de sexualidad y afecto. En la pornografía, la penetración coital es un fin en sí mismo, que termina por oscurecer otras dimensiones humanas a las que la sexualidad está integrada. Si la pornografía es el campo de la obviedad y la manipulación genital, lo erótico es el campo de la sutileza, donde la sexualidad aparece revestida de todos sus componentes simbólicos, sin que ello implique silenciarse sobre las manifestaciones de crueldad o manipulación que, en un momento dado, puede tener una relación sexoafectiva entre los seres humanos. Mientras el erotismo es el campo de la eterna seducción, la pornografía es una estrategia de posesión de cuerpos que ha perdido cualquier otra dimensión diferente a su utilidad como maquinaria de placer.

La diferencia entre pornografía y erotismo no se refiere tanto a contenidos, ya que ambos pueden tratar sobre una amplia gama de temáticas referentes a la sexualidad y la afectividad. Es más un problema de forma y de estrategias expresivas, que no pueden entenderse como un aspecto añadido o superficial en el ejercicio comunicativo. En este caso, como decía McLuhan, el medio es el mensaje. Mejor aún: la forma es determinante en la estructuración de la comunicación, porque es en la forma donde se acumula la información contextual, fundamental en el momento de captar el sentido del mensaje que se nos transmite.

De allí que la diferencia entre pornografía y obscenidad, por un lado, y erotismo, por el otro, sea también un asunto estético. Lo que diferencia una manifestación erótica de otra impregnada de obscenidad, es la disposición sensible con que se aborda el conflicto sexo-afectivo, presente siempre en la vida humana. Su simplificación conduce necesariamente a una visión achatada de lo humano, que termina reforzando actitudes de manipulación e irrespeto. Pero, al contrario, su presentación dentro de la complejidad simbólica que lo caracteriza, enriquece la comprensión de la problemática planteada y nos sensibiliza ante los múltiples caminos y paradojas a las que debemos enfrentarnos en la vivencia sexual, permitiéndonos integrar, en una perspectiva cultural más plena, nuestro propio conflicto cotidiano.

Fomentando la imaginación

Las imágenes que construimos con los niños al abordar el tema de la sexualidad deben caracterizarse, no tanto por una visión estrecha y paralizante, sino por la sutileza metafórica que permitan. Hablar sobre la sexualidad es jugar con la imaginación y la palabra, es llevar el goce y la risa al terreno del pensamiento, invitando al niño a que se construya a sí mismo, pasando de la dureza del concepto a la fluidez de la sensibilidad. El padre, la madre o el maestro, deben actuar como provocadores del crecimiento afectivo e intelectual, como cultivadores de la singularidad, sugiriendo al alumno el camino del embellecimiento continuo.

En este caso, más que en ningún otro, ética y estética marchan cogidas de la mano. Frente a las expresiones cotidianas que cosifican a la mujer, funcionalizan las relaciones sexuales, o utilizan términos referidos a los genitales para insultar al otro o mofarse de él, se hace necesario un gran trabajo de reconstrucción lingüística que abra el camino a expresiones más respetuosas en los intercambios afectivos e interpersonales.

No se trata nunca, en nuestra relación con los chicos, de hipertrofiar ese afán de control y censura que llamaba Rousseau la "fría filosofía del anciano", sino de reconciliarnos con nuestra propia vivencia de la infancia, entendiéndola como ese territorio donde el escape y lo inverosímil son posibles. La educación sexual debe ser entendida como una actividad poética llevada al terreno de la existencia diaria.

No hay que temer al descontrol que una actitud semejante generaría. En lo que tiene que ver con la sexualidad, lo fundamental de la enseñanza ética se transmite no tanto por discursos repetitivos, sino por la actitud corporal que mantenemos frente al niño. Incluso una persona privada del habla podría dar una excelente enseñanza al respecto, simplemente comprometiendo su actitud y sus gestos de respeto por el otro. Teniendo la seguridad de ofrecer corporalmente al niño respeto y calidez, no hay motivo para temer por su tendencia a fantasear, llevando en ocasiones las cosas al absurdo, pues sólo poniendo en juego su imaginación puede el chico explorar los caminos de su singularidad.

Ingresando a un mundo erótico

Cuando el niño empieza a centrar su atención en las relaciones eróticas que se desenvuelven entre sus padres u otros adultos, se sentirá tentado a participar de ellas, recurriendo para lograrlo a diferentes estrategias seductoras. Querrá participar de la intimidad y acariciar el cuerpo de los adultos para descubrirlos al contacto de su piel desnuda, accediendo a la pasión y el goce que los mayores parecen disfrutar de manera tan celosa. Estos suelen responder con cólera o pánico ante las insinuaciones del niño. Quizás esto suceda por su propia visión limitada y funcional de la sexualidad, que la reduce al ejercicio de la genitalidad dentro de la pareja.

En una ocasión recibimos la consulta de un padre afanado porque sospechaba que su hijo de cinco años se estaba "volviendo homosexual". El motivo para pensar de esta manera era la insistencia del niño por tener contacto con el cuerpo de su padre, saltando sobre él de manera que al adulto le parecía atrevida. El asunto era más complejo de lo que a simple vista parecía. Por una frecuente —aunque poco reconocida— dificultad en la maduración del sistema táctil, que le hace sentir al niño como molesta e hiriente cualquier caricia superficial, el chico se había mostrado hasta entonces distante y esquivo en sus relaciones interpersonales, torpe en sus movimientos corporales y explosivo en sus vivencias afectivas.

Una vez diagnosticado el caso por nuestro equipo terapéutico, se inició un tratamiento intensivo, que en estos casos tiene como eje central la estimulación táctil profunda y el desbloqueo de las vías aferentes, encargadas en el sistema nervioso de llevar información desde los receptores periféricos a los centros cerebrales. Como efecto secundario, aunque no indeseable, del proceso de rehabilitación, se despierta en estos chicos un gran apetito sensorial, como si quisieran compensar con su avidez táctil la intensidad vital hasta entonces perdida.

Al ver que el pequeño se lanzaba sobre su cuerpo a explorarlo con fruición, supuso el padre que una incipiente desviación sexual podía estarse manifestando en su hijo. Sin embargo, era evidente que la desviación no existía sino en los temores y fantasías de los mayores. Las intenciones del niño no eran genitales, sino sensoriales. En el mejor sentido del término, buscaba nutrirse del contacto con el cuerpo del adulto, vivencia que éste empezaba a conflictualizar, cuando el chico sólo pretendía sentirlo con la misma naturalidad e inocencia con que se acaricia un juguete de peluche.

Es frecuente que los padres rechacen bruscamente al chico o a la chica, censurándolo con palabras o gestos, protegiéndose así de sus propias fantasías y de la erotización que les provocan. El niño, por su parte, empezará a vivir de manera culposa su deseo. El rechazo abierto no es, por demás, la única manera de tornar conflictiva la vivencia erótica del pequeño. Cuando el adulto responde a la provocación infantil con tensión muscular y rigidez o con un contacto inseguro o tembloroso, provoca de contragolpe ansiedad en el niño, pues su vivencia culposa del deseo configura una peculiar situación de seducción agarradora, que invita a la gratificación a la vez que la prohíbe, fenómeno propicio para la manipulación afectiva. Igual sucede cuando se responde a la necesidad de contacto del chico con la focalización genital o esfinteriana, camino por el cual empieza a reducirse la plenitud sensorial de la sexualidad infantil a una vivencia que gira en torno al coito, la penetración y una genitalidad funcionalizada.

No hay motivo para negarle al niño la exploración corporal y el contacto táctil, siempre y cuando tenga el adulto muy seguras sus fronteras, sin negar por eso el goce que se deriva de la relación. El niño está abierto con todo su cuerpo a un descubrimiento sensible del espacio, dentro de una modalidad de juego y aventura interpersonal. El acercamiento del adulto al niño debe pasar por su propio esfuerzo de superar una visión empobrecida, culposa y funcional de la sexualidad, abriéndose él también a la posibilidad de reactivar un vínculo sensorial con el entorno.

Antes de recibir explicaciones por parte de los adultos acerca de lo que significa la reproducción y el apareamiento, las diferencias anatómicas entre hombres y mujeres, o los diferentes caminos que puede tomar en el ser humano la atracción sexual, ya el niño ha respirado en su ambiente familiar y social una cierta fo a de entender la sexualidad, mucho más decisiva para s .ormación que los datos que le podemos transmitir en la relación pedagógica formal. Este clima cultural, cruzado por gestos y valores, merece una atención especial por parte de padres y maestros, pues aparece como el factor que con mayor decisión debemos modificar al poner en marcha un proyecto de educación sexual y afectiva. Ambiente o clima cultural que, por demás, se confunde con el entorno que rodea en su conjunto al ecosistema humano.

Muchos maestros se sienten preocupados ante la novedad de formular en sus escuelas un proyecto de educación sexual, pero no se dan cuenta que desde antes, sin que se lo propusieran de manera explícita, ya estaban educando sexualmente a sus alumnos. Es imposible no hacerlo. Trátese de una clase de matemáticas o de educación física, el maestro está transmitiendo mensajes con su cuerpo, asumiendo frente a los cuerpos de los estudiantes comportamientos que de por sí, al participar en la dinámica comunicativa, adquieren el carácter de contenidos referentes a la educación sexual. En la manera como saludamos, como disponemos los pupitres en el aula, como nos comportamos frente a la presentación personal de los alumnos, está implícita una cierta manera de entender el cuerpo y la sexualidad.

De lo que se trata ahora es de hacer conscientes estos comportamientos, preguntándonos en cada encuentro sobre la manera como dictamos la clase o nos relacionamos cotidianamente con el alumno, pues es allí donde se anidan los componentes sexuales y afectivos de la experiencia educativa. Preguntarnos, con los padres y los alumnos, por la educación sexual, es preguntarnos por el clima de sensibilidad que queremos transmitir en nuestra vida diaria. Es hacerlo por los sentimientos, por la manera como entendemos el amor, la amistad y la solidaridad, el placer y la vinculación erótica.

Conciencia humana: razón y fantasía

Siendo la sexualidad un poder de vinculación que anuda cuerpos para asegurar el despliegue de la vida, su territorio más propicio es el de la exploración fantástica. A través de la comunicación erótica buscamos en los gestos de los otros una trama secreta e individual, experiencia que nos lleva al punto donde nace el mundo interhumano, donde se corporeiza el símbolo y se construyen las conciencias.

Existe, entre la afectividad y el movimiento de la conciencia, tal reciprocidad, que todo aquello que sucede en uno de estos campos tiene de inmediato repercusión en el otro. Dependiendo de las estrategias lúdicas o funcionales que primen en la exploración corporal o en el ejercicio de la afectividad, obtendremos movilidad, o en su defecto rigidez, en la dinámica de los símbolos de la conciencia. Los roces tiernos, los deleites sensoriales y la actitud cálida y acariciadora, dan lugar a que se generen en la conciencia delicados pliegues simbólicos, recodos imaginativos donde se fomenta la divergencia y la creatividad. Por su parte, el cuerpo funcional, tiranizado por la exigencia eficientista o genital es, en su vinculación social, jerárquico y geometrizado, y la conciencia que surge de esta experiencia es incapaz de abrirse a la dispersión sensorial a que el mundo nos invita.

El predominio de diálogos funcionales –proclives al agarre y la pornografía–, o de diálogos lúdicos –invitadores a la ternura y al erotismo–, depende en gran parte del peso que concedamos a la metáfora en la comunicación interpersonal. Una y otra alternativa hacen parte del horizonte humano, aunque nos corresponde a nosotros incidir en el predominio de uno u otro enfoque.

No olvidemos que la conciencia humana, campo dinámico de lo simbólico, tiene dos polos: en uno de ellos se localiza la razón y en el otro se localiza la fantasía. Una y otra son producto del cuerpo interiorizado, constituyendo de conjunto la trama de las estructuras cognoscitivas. Pero, mientras la razón es producto de la interiorización del cuerpo eficiente, la fantasía surge a partir de la interiorización del cuerpo lúdico.

La razón es la gran organizadora de la experiencia. Utiliza la abstracción como artificio para detener o congelar la realidad, que se encuentra siempre en movimiento, buscando incesantemente el dominio y la predictibilidad de la naturaleza y el mundo. La fantasía, al contrario, es una estructura combinatoria surgida del caos interno, que nos une a la dinámica de un universo en constante cambio y emergencia.

En su contacto con el mundo, la fantasía genera una cauda de imágenes y sentidos que emergen al torrente del pensamiento, acompasados por el mismo ritmo con el que se desenvuelve la vida. La fantasía surge como fuerza pulsional al calor de los movimientos gestuales y de la comunicación sexual y afectiva, en estrecha relación con el lenguaje no verbal y los elementos prosódicos de la comunicación.

La razón se nutre de la fantasía, pues de ella obtiene parte de su fuerza, pero se caracteriza por su tendencia a la abstracción y a la inmovilización del conocimiento. Sólo por el poder de la razón accedemos al pensamiento lineal, secuencial y operatorio, en que se basa el dominio técnico. Sin embargo, dejada a su propio movimiento, la razón paraliza a la vida, convirtiéndose en un dispositivo inerte y utilitario. La salud mental sólo es posible cuando la razón bebe en las fuentes de la fantasía. Gracias a la fantasía, el ser humano capta el mundo plurivalente y caótico, como si se tratara de una fuente de sensaciones que dan lugar al pensamiento imaginativo, cuyo lenguaje propio es la metáfora. Los deseos, los anhelos, los temores, los sentimientos y emociones, y en fin toda la vida afectiva de las personas, surgen de este contacto primigenio con la realidad, que protagoniza cada ser humano a través de su polo fantástico.

Es en ese polo fantástico donde se aloja, en gran parte, la singularidad que posibilita la expansión de la conciencia y el ejercicio de la libertad. Allí tienen lugar los goces más íntimos del sujeto, pero también sus más grandes frustraciones y padecimientos. El polo fantástico puede caer bajo la influencia omnímoda de la razón instrumental que, engreída con su poder y con los privilegios que le da nuestra cultura, aplasta o manipula, a su amaño, esta epifanía de la que nace la conciencia. Es este el momento en que los diálogos funcionales, centrados en el objeto y en el interés utilitario, terminan empobreciendo la vida y reduciendo la dinámica de la conciencia, generándose un grave problema en el ecosistema interpersonal.

Reconstrucción del espacio dialógico

Las estrategias de seducción y conquista en el campo amoroso aparecen cruzadas, en muchas ocasiones, por intereses funcionales que cosifican al otro, en vez de cultivarlo como compañero o compañera del goce erótico. Es por eso, que se hace preciso, en un proyecto de educación sexual y afectiva, reconstruir el espacio dialógico y las estrategias comunicativas, pues sólo dando nuevo aliento al gesto y a la palabra, logramos romper el rígido cerco de usos y abusos que se imponen en nuestra cultura a un cuerpo que emerge por vez primera a la trama interpersonal.

La posesión del cuerpo del otro como objeto a utilizar, la reducción de la vivencia sexual y erótica a las prácticas de penetración genital, la manipulación afectiva, el avergonzamiento que se produce en los niños y jóvenes por las represiones culturales vigentes, son mediaciones comunicativas que no favorecen la adecuada exploración del mundo sexual, ni la expresión cabal de la singularidad. Un niño avergonzado de su cuerpo o de propia sexualidad, es un niño vulnerable a caer en las manipulaciones del poder autoritario o de seres que quieren abusar de él.

Sólo cultivando los diálogos lúdicos, aquellos que no apuntan a lograr ninguna eficiencia, ni a imponer de manera acrítica o abusiva una verdad autoritaria, es posible adentrarnos en el terreno de la vivencia sexual y erótica de manera cálida y cogestiva, respetuosa del amor y de la vida. Estos diálogos o estrategias comunicativas, que permiten compartir las fantasías del niño y que no le niegan al pequeño la solidaridad y la calidez, son el mejor caldo de cultivo para el adecuado crecimiento de la singularidad.

En el campo de la sexualidad, la expresión de la singularidad no solamente debe permitirse, sino que debe fomentarse a todo lo largo del proceso educativo del niño, en el nivel familiar, escolar y social, porque es una necesidad vital de la sociedad y el individuo. Es nuestra responsabilidad reconstruir el medio ambiente interpersonal para que sea posible cuidar la singularidad, sin poner en entredicho los sistemas de reciprocidad e interdependencia de los que obtenemos nuestro alimento afectivo. Enseñanza central de la ecología humana, que adquiere para la educación sexual y afectiva una dimensión insospechada.

Segunda parte
Seducción y fantasía

3. Etica del amor y pacto entre géneros

El pastorcito mentiroso

El pastorcito mentiroso es uno de esos típicos cuentos infantiles que agradan a los adultos, pero resultan molestos y sospechosos para los niños. Algo hay en él de forzado y moralizador que declara la guerra a la exploración infantil, confinándola al territorio de la mentira.

Hace algunos años, un grupo de psicólogos visitó varios jardines escolares, contando historias a los chicos para observar su reacción ante distintos personajes y argumentos. Entre su arsenal literario estaba el relato del pastorcito que, una y otra vez, corrió a donde los adultos del pueblo a informarles de la presencia de un lobo que sólo existía en su imaginación, con tan mala suerte que el día en que necesitó de verdad su protección, ninguno quiso creer en la inminencia del peligro que corrían sus ovejas. Lo que se evidenció, en el pequeño auditorio, era que los niños no estaban de acuerdo en dar al pastorcito el calificativo de mentiroso. "El sólo quería saber si los grandes lo ayudarían", dijo indignado uno de los chicos. Lo que para los adultos era una mentira, para el niño no era otra cosa que un ejercicio de exploración para conocer las reacciones y afectos que sus relatos podían despertar en su entorno interpersonal.

Para el niño es vital esta exploración de los afectos y de los cuerpos, de los gestos y de los espacios, pues es la manera de aprender sobre el mundo y de descubrir a la vez las potencialidades y límites de su propia singularidad. La exploración que el niño hace del mundo está por completo mediada por la sensibilidad, siendo por eso plenamente erótica. Muchas veces el adulto no entiende el carácter emocional del aprendizaje infantil, censurándolo o aplastándolo, por considerarlo dañino o perverso. Y al hacerlo, está aplastando su desarrollo y crecimiento.

Perdido en Nemocón

Cuando contaba apenas con cinco años, Camilo asistió con sus compañeros a un paseo escolar a las minas de Nemocón, viaje que capturó por completo su imaginación. Al ser consultado por sus padres sobre los detalles del viaje, les contó que un niño se había perdido en la mina. Sus padres no sabían entonces que la mina visitada por los chicos era apenas un pequeño socavón, de unos pocos metros de profundidad, donde era físicamente imposible perderse. Sin embargo, ellos reaccionaron con las angustias propias de los padres, que siempre temen lo peor para sus hijos.

Preocupados e indignados, los padres censuraron la irresponsabilidad de los profesores, pontificando sobre el bien y el mal, aterrados por la angustia que debían estar sintiendo los padres del chico desaparecido y, tal vez sin darse cuenta y en el fondo de su intimidad, tranquilos al saber que el problema no había sido con su propio hijo. Cuando intentaron obtener más detalles sobre el suceso, el chico se limitó a decir, impávido, que a su compañero no lo habían encontrado. La ansiedad acompañó a los padres durante toda la noche, pero al día siguiente constataron que nada había sucedido. Se trataba de un juego inconsciente del pequeño, que buscaba conocer la reacción de los mayores ante su posible fuga. Y de hecho, había logrado su cometido. Sabía ahora que en caso de perderse, éstos lo buscarían por cielo y tierra hasta encontrarlo, con lo cual afirmaba su principio de realidad, pero también los límites y posibilidades de sus fantasías de fuga.

Pero no había allí mentira. Para el niño, el episodio tenía una realidad y validez muy distinta a la que podían pensar los adultos. La suya era una verdad sentida, que tenía para él una importancia igual o mayor a la que puede tener para los adultos una verdad objetiva. Lo importante para el niño era conocer la intensidad del afecto de sus padres, para lo cual utilizaba, sin mala intención, el recurso escénico de inventar una historia, con un protagonista que hacía las veces de doble de sí mismo. Su percepción del mundo no era ética, sino estética: su criterio de certidumbre pasaba en este caso por la captación directa del afecto de los adultos encargados de su cuidado.

Para el niño, la fuga es una forma de exploración del mundo, donde combina a la vez lo intelectual y lo erótico, pues él no ha establecido diferencias entre el terreno de los conceptos y el de los afectos. El juego, el disfraz, el cuento infantil lleno de peligros, la exploración del espacio que lo rodea, el conocimiento de su propio cuerpo y del cuerpo de los demás, son todas aventuras cruzadas por la curiosidad y la imaginación, cuya intensidad vital no alcanza a comprender la mentalidad adulta.

La nariz de Pinocho

La preocupación adulta por la verdad no se encuentra entre las obsesiones infantiles. Lo que nosotros llamamos mentira no es en el niño algo diferente a una estrategia de comunicación, de exploración de imágenes y sentimientos, pues lo que más le interesa a él es la intensidad emocional y la vivacidad figurativa que acompañan al relato. Sus verdades son siempre verdades del sentimiento. Pero, a fin de hacerlo educable, es necesario instalarlo en el reino dual de la verdad y la mentira, dotándolo como a Pinocho, de una nariz delatora, de un operador vergonzoso que ponga en evidencia sus deslices, para que el adulto pueda corregirlo a tiempo a través de una calculada ortopedia del Yo.

La nariz de Pinocho, que crece delatora cuando el niño no dice la verdad, es producto del avergonzamiento que el adulto induce en el niño ante las exploraciones afectivas, imaginativas y eróticas, que el chico hace del mundo. El niño está abierto a la seducción y en esto radica su plenitud y fragilidad. El adulto, en cambio, está cerrado al mundo, con su cuerpo reglamentado y orientado casi siempre por su afán de dominio y conquista. Mientras la sexualidad en el niño compromete toda su experiencia sensorial, el adulto, con frecuencia, ha aplastado su imaginación y sus posibilidades vivenciales, funcionalizando sus relaciones sexuales y sustrayéndose, de esta manera, al mundo mágico de la infancia.

Los viajes de Andrés

Cuando era niño, Andrés dormía con una pequeña maleta al lado de su cama, donde guardaba la muda para un posible viaje. Al día siguiente contaba con detalle sus aventuras en Australia, refiriendo elaboradas historias plagadas de animales fantásticos. Un día, en la escuela le llamaron mentiroso, y el niño no encontró defensa alguna. Debía limitarse a relatar una realidad prosaica. Queriendo educarlo, le aplastaron su exuberancia.

Intensivo, más que argumental, y explorador más que sedentario, el niño vive en función de la fuga y el rapto, buscando siempre una fisura para romper con la viscosidad y lentitud de los compromisos familiares y escolares. Para el niño, la seducción toma la forma de un viaje a un mundo imaginario, al que debemos adentrarlo sin poner en entredicho su seguridad básica. El contacto corporal, brindado bajo la forma del apoyo o el abrazo, del acercamiento cálido o el acunamiento, de la gestualidad compartida y la sensorialidad abierta, es la mejor manera de infundir en el niño seguridad en su aprendizaje sexual. Con esta matriz gestual y corporal aplacamos sus temores y le damos confianza para que emerja su singularidad. A su vez, mediante la palabra, lo invitamos a un juego de imaginación que le permita apropiarse, a su manera, del misterio de la sexualidad. Tacto y delicadeza deben ser los ejes centrales de un proceso que ofrece tanto al niño como al adulto, la posibilidad de un goce compartido.

Lógica de la verdad y lógica de la seducción

El niño no atiende a la lógica de la verdad, sino a la lógica de la seducción. Ser niño es mantenerse en trance de ser raptado, de ser robado por la fascinación. Ser padre o maestro es tratar de impedirlo a toda costa, oponiéndose a la seducción que ejerce sobre el chico lo nómada y extraño.

La atracción de lo extrafamiliar es para el niño una tentación a la vez temida y deseada, único camino para liberarse del envolvente pensamiento parental y el lento camino de la pedagogía. El mayor peligro que corremos padres y maestros es el de tratar de encerrar tanto al niño en nuestras redes, que lo volvemos inútil e incapaz de valerse por sí mismo, tornándolo más frágil ante los peligros y las violencias del mundo. La educación sexual del niño debe saber cultivar el encanto de la fuga y la seducción, protegiendo al chico con un ambiente de ternura, sin pretender decidir de antemano y de manera calculada sobre el único camino que le es permitido recorrer.

Nada temen más los padres y maestros que a estas fugas inocentes de los niños, que los colocan por fuera de su campo de control. La educación sexual aparece muchas veces como un intento por controlar estas exploraciones infantiles, que casi siempre aparecen cargadas de un intenso sentimiento erótico. Es entonces cuando, en vez de ser un instrumento para el crecimiento y la liberación, la educación sexual termina siendo un dispositivo represivo.

Las fugas son la manera como los niños exploran el mundo de la sexualidad, afianzando de esta manera su singularidad. Cuando estos mecanismos exploratorios son condenados, la persona queda ciega en cuanto al descubrimiento de su propia fuerza afectiva, expuesta a una gran torpeza sexual y emotiva que lo incapacita para ejercitar la decisión en el mundo interpersonal, erótico y afectivo.

Unos ojos coquetos

Transitando por la ciudad, en medio de la algarabía de un centro comercial, tras un discreto ventanal o en la forzosa parada de un semáforo, encontramos de pronto los ojos inquietos de un niño que escudriñan entre la multitud buscando afanosos el contacto. Por un instante, superando las barreras que nos separan —el ruido, los vidrios, las puertas, el afán de los padres—, escapamos con él en una sonrisa cómplice, que quedará como una alianza imperecedera cuando sus ojos se pierdan de nuevo en la agitación de la ciudad. La avidez del pequeño que aplasta su rostro contra la ventana del auto, o de aquel otro que explora inquieto el mundo que lo rodea mientras es literalmente arrastrado por la mano diligente de mamá, expresan de manera patética las dos caras de la infancia: encierro y coquetería, protección y fuga, intentos del niño por escapar y esfuerzos del adulto por mantenerlo en sus aparatos de captura.

El niño que habla solo, explora su cuerpo, inventa amigos y países imaginarios, sonríe en la oscuridad o deja vagar su mirada sin destino aparente, está protagonizando no tanto una evasión del mundo, como una presión para hacer que el mundo de los adultos huya de él. Pero los padres y maestros, al percibir que pueden ser expulsados del universo del pequeño, entran en pánico, exigiendo de inmediato que el niño dirija de nuevo hacia ellos su atención. ¿No son acaso los padres quienes trabajan arduamente para poder comprar lo que quieren para sus hijos y así vigilar lo que aprenden y exploran? ¿No tienen acaso el derecho de entrar sin permiso a su intimidad? Mientras los adultos insisten en ubicar al niño en medio de términos fijos —estableciendo con rigidez los comportamientos propios de cada etapa del desarrollo—, lo propio del niño es ir a la deriva, buscando esos intersticios donde los gestos se reinventan y transforman.

La educación sexual debe saber aliarse con esta fuerza coqueta de la infancia, en vez de intentar aplastarla y amaestrarla. La gratuidad del niño, aquello que lo toma bello incluso a los ojos de Dios, es precisamente su indeterminación, su apertura al mundo, su carácter aleatorio y la ausencia en su comportamiento de pesados sedimentos.

Pero asistimos, sin lugar a dudas, a una privatización del niño, al que se le desconoce el carácter de acontecimiento imprevisible, para atenazarlo en los rígidos esquemas de una pedagogía razonada. El adulto se vuelca sobre el niño imponiendo límites a su curiosidad, porque entiende la infancia como algo que debe ser de cuidado, como una esfera de protección, imponiéndole al niño sus caminos, a la vez que lo abruma con una deuda infinita por los cuidados propinados, chantaje sobre el que se sustenta su ejercicio de dominación.

El peligro de saberlo todo

El discurso total que convierte nuestra relación con el niño en un esfuerzo sostenido y doloroso por encaminarlo hacia la vida adulta —a fin de convertirlo en copia de nosotros mismos—, produce su propia psicopatología. Gran parte del sufrimiento infantil y de las preocupaciones y quejas de los adultos, tienen que ver con esta obsesión por el cierre y la protección, que anima a los padres y maestros contemporáneos. Cuando a un niño se le cierran las líneas de fuga —como aquellos a quienes se les niegan los caminos de la exploración y la imaginación—, termina buscando otros escapes, que en lugar de abrirse al goce se convierten en motivo de dolor, vergüenza y temor.

Ha llamado mucho la atención a los historiadores y psicólogos del siglo XX, el destino doloroso que corrieron los dos hijos del doctor Schreber, el pediatra que ostentó, durante el siglo XIX, la posición de máxima autoridad en educación infantil dentro de la tradición alemana. El eminente médico escribió varios libros sobre la educación de los niños, señalando con detalle lo que debía hacerse con ellos en cada situación desde la más tierna infancia. Curiosamente, el destino de sus dos hijos, brillante desde el punto de vista intelectual —pues incluso uno de ellos llegó a ser magistrado austríaco—, fue fatal y doloroso desde el punto de vista afectivo. El mayor se suicidó y el magistrado terminó sus días en un manicomio. Al parecer, nada más peligroso que ser hijo de unos padres que todo lo saben, aplastando así la necesidad que tiene el niño de descubrir su propio mundo.

La certeza ética que debe animarnos en la educación del niño no puede convertirse en una camisa de fuerza que aplaste su singularidad. Nada más peligroso que pretender hacer de los niños pequeños adultos, tempranamente esquematizados, capaces de repetir todas las normas y argumentos. Pues tarde o temprano, muchas veces en la adolescencia o en la edad adulta, explota el niño que hay en ellos, buscando afanosos, una experiencia o una fuga que se convierte en un acto fallido o en una vergonzosa frustración. Como no han aprendido a encontrar satisfacción cálida a sus propios anhelos eróticos y afectivos, terminan siendo presa de seres manipuladores que pretenden abusar de ellos. Sólo afianzando en el niño su propia singularidad erótica, su posibilidad de explorar cálidamente el mundo sexual y afectivo, logramos, de manera paralela, afianzar en él un criterio que lo lleve a rechazar con firmeza situaciones de manipulación y chantaje que van en contra de su dignidad y crecimiento.

Afianzando su propia fuerza

La seguridad, autoestima y capacidad de autodeterminación que exhibe el adulto, están directamente relacionadas con la posibilidad que tuvo en la infancia de expresar su singularidad. Como en ningún otro campo de la vida humana se expresa la singularidad de manera más plena que en la vivencia erótica, es comprensible que todo aplastamiento de la sexualidad conduzca a un ser avergonzado, incapaz de reconocer su propia fuerza, ciego sobre la manera como debe comportarse en el mundo. Los padres y maestros que por ignorancia o moralismo estrecho aplastan en el niño la vivencia y exploración de la sexualidad, condenan a los pequeños a vivir como seres temerosos y serviles, expuestos a todos los abusos, tanto personales, como políticos y sexuales. Pues sólo el cultivo de la singularidad afectiva y sexual asegura un terreno propicio para el pleno ejercicio de la autonomía y la libertad.

La salud mental del niño depende mucho más de la posibilidad de articular líneas de fuga, que de convertirse en depositario de los usos y verdades de los mayores, pues sólo esas pequeñas fugas consentidas permiten que su singularidad se exprese de manera más plena que lo permitido por las talanqueras del buen sentido y la autoridad. Nada peor para un chico que soportar a unos padres que lo saben todo, o a una institución escolar o familiar donde todo está previsto, pues allí las fugas no pueden vivirse sino al precio de la vergüenza y la culpa. Maud Manoni, especialista francesa en psicosis de la infancia, ha dicho que quizá una de las oportunidades más bellas que nos puede deparar la vida es encontrar en nuestro crecimiento una institución en crisis, pues sus fisuras pueden ser las rendijas que, en el momento necesario, posibiliten la emergencia de nuestra singularidad.

Reciprocidad: dar y recibir

Participar de una vivencia erótica y sexual es abrirse a la dinámica del mundo. Estar dispuesto a vincularse, a tender puentes de acción y de sentido, a generar procesos grupales y comunitarios. Al igual que otros seres vivientes que habitan el planeta Tierra, los seres humanos vivimos en un ecosistema donde la comunicación y el intercambio son factores básicos para la perpetuación de la existencia.

Las plantas, las algas marinas y los más robustos árboles del bosque, están abiertos a la luz, obteniendo de ella la energía básica para su subsistencia. Los animales, desde las bacterias hasta los elefantes y las ballenas, establecen complejos sistemas de cooperación, sin los cuales no podrían vivir. Los seres humanos no somos una excepción.

La sexualidad humana aparece como un gran poder de vinculación, como un mediador para definir situaciones culturales, relaciones de poder entre los géneros y en los espacios familiares y laborales. Igualmente, la sexualidad puede ser motivo de conflicto, cerrándonos al mundo y a las posibilidades de interactuar con los demás. La sexualidad puede ser una puerta abierta al mundo, o una manera de cerrarnos a él.

Cerrarse a las provocaciones del mundo, a sus insinuaciones, dificultades y deleites, es bloquear la dinámica vital, alterando el funcionamiento de nuestro ecosistema. Abrirse al mundo es abrirse a la gracia, a la gratuidad, sin temor a interactuar con el azar y lo desconocido. Cuando la sexualidad es vivida con vergüenza, el cuerpo es herido en su seguridad básica, exponiéndose el individuo o el grupo a todo tipo de manipulaciones y desaciertos. Confiar en el propio cuerpo y en la capacidad vinculante de la sexualidad, es la mejor manera de cultivar la propia fuerza y fomentar la singularidad, dentro de un ambiente de mutuo respeto y de calurosa reciprocidad.

Dar y recibir son los movimientos básicos de todo encuentro sexual y afectivo. Damos cariño, seguridad y confianza, recibiendo de los demás apoyo emocional y la posibilidad de compartir placer sexual y gratificación afectiva. Pero es frecuente que esta capacidad de dar y recibir con generosidad sea aplastada en el niño a causa de las presiones sociales y familiares, que al violentarlo e impedir la emergencia de su singularidad, lo tornan desconfiado y resentido frente al mundo.

Hay momentos del desarrollo infantil, en especial cuando el niño se perfila como persona independiente, en que aparecen tendencias egoístas que la sociedad afianza, dándose más importancia al hecho de tener y poseer que a la posibilidad de ser y expresarse en su plenitud afectiva y cultural. El egoísmo conduce a la miseria afectiva y al consumismo, que en el campo sexual se expresa como una relación funcionalizada. Por eso, desde muy temprano es necesario encontrar momentos para cultivar la reciprocidad. Las presiones sociales y laborales, o incluso nuestro propio analfabetismo afectivo, impiden compartir espacios para la exploración de los sueños y temores que, en nuestra cultura, rodean a la vida sexual y afectiva.

Hay que aprender a abrirse a los demás, fomentando actitudes cálidas y solidarias. En especial, es necesario fomentar desde temprano el respeto y cuidado por las diferencias entre niños y niñas, superando el machismo y discriminación hacia la mujer, que todavía priman en la vida cotidiana. La reciprocidad es una fuerza que nos permite enfrentar las situaciones de crisis, impulsando el cambio desde una perspectiva lúdica que sabe integrar, a los momentos difíciles de la vida, las gratificaciones derivadas de la experiencia erótica.

Al permitirnos confrontar y enriquecer nuestra experiencia con los otros, la reciprocidad ayuda a generar sentimientos de confianza, autoestima y pertenencia, que nos permiten disfrutar de una vivencia plena de la salud sexual y reproductiva.

Recreando el goce compartido

La base de toda comunicación interpersonal es el cuerpo. Con los gestos abrimos o cerramos posibilidades;

con nuestro comportamiento señalamos a los demás distancias, o mostramos la disponibilidad para compartir y construir de manera gozosa la vida interpersonal.

Sabemos de los otros por lo que su expresión corporal nos provoca. El cuerpo nos vincula o nos aísla, nos integra o nos bloquea. Hay que saber de los caminos del cuerpo, de sus caprichos, de sus temores y ansiedades. El cuerpo no es un objeto más entre los objetos. Es aquello por lo cual los objetos que nos rodean cobran sentido.

El cuerpo es siempre un cuerpo sexuado. Lo es en el niño y el anciano. En la mujer embarazada. En el hombre cuando trabaja. En el deporte y en las aulas. Cuando dormimos y cuando estamos despiertos. La sexualidad es inherente a nuestro cuerpo. Por eso, toda comunicación es a la vez corporal y sexual.

Lo sexual en el cuerpo no se reduce a lo genital. Esta es una visión simplista y recortada de la sexualidad. La sexualidad es un gran poder de vinculación. En cuanto tal, y para diferenciarla de la simple genitalidad, se suele hablar de sensualidad y erotismo. Hay sensualidad en una experiencia táctil, en el acto de aspirar el aroma de una flor. Hay erotismo incluso en las más bellas obras del arte religioso.

La Madre Teresa de Calcuta comprometía de manera especial su sensibilidad y su erotismo, cuando extendía sus manos para saludar a quienes la rodeaban, a los indigentes y moribundos que recibían su cariño. La espiritualidad es también una forma especial de sensualidad, de vivencia del cuerpo. Ya lo dijo de manera hermosa Miguel de Unamuno: "Gracias al amor sentimos todo lo que de carne tiene el espíritu".

La educación sexual no puede convertirse en información expurgada de vivencia, o en método profiláctico para prevenir desviaciones o enfermedades de transmisión sexual. La vieja higiene, que reducía la educación sexual a informar sobre los horrores de las venéreas, recurría sin saberlo a una pedagogía del miedo y el terror, ajena por completo a la ternura.

Identificar sexualidad con reproducción, es hacerle creer al niño que el erotismo humano no tiene camino diferente al señalado por el instinto. Es indudable la importancia que tiene el goce genital y los delicados matices eróticos que se esconden en la experiencia de la crianza. Sin embargo, la sexualidad humana, al articularse a los más diversos sistemas sociales, encuentra caminos variados de expresión que la llevan a terrenos desconocidos para el instinto animal, como son el arte, la religión, el ejercicio del poder, o las más variadas formas de creatividad cultural. Por eso es importante entender la sexualidad en sus múltiples manifestaciones, tanto genitales como no genitales, reproductivas y no reproductivas, porque de no hacerlo la estaríamos deformando y mutilando.

La sexualidad humana difiere de la animal en que se ha distanciado de la finalidad instintiva, logrando separar lo lúdico de lo reproductivo, conquistando la posibilidad de recrearse a través del juego y la imaginación. En tanto juego, la psicosexualidad humana puede ser constantemente reinventada, convirtiéndose en factor que promueve la creatividad y la libertad.

Cuando entendemos la educación sexual como simple información veraz y oportuna sobre el desarrollo somático y genital, terminamos aliados de la racionalización, dando cabida a poderes y argumentos que sirven, la mayoría de las veces, para esconder los temores de los padres a que el niño descubra por sí mismo la delicadeza y los peligros del goce erótico. La información, comunicación que se sustenta en la vista y el oído —aparatos sensoriales especializados en captar mensajes a distancia–, termina apabullando a la vivencia que se apoya en el tacto y el olfato –sentidos de la cercanía y la intimidad–.

La constricción que padece el adulto, en cuanto a la vivencia íntima de su propio cuerpo, es transmitida al niño cuando la comunicación erótica no se hace en un lenguaje cotidiano cuerpo a cuerpo, sino a través de palabras y conceptos que expresan una sexualidad fría, confinada a los genitales y la reproducción. No se trata, por eso, simplemente, de establecer con el niño un diálogo de igual a igual, enseñándole, cuidadosamente y de manera didáctica, los diferentes aspectos de la sexualidad, atenidos a la más pura racionalidad anatómica. Se trata, más bien, de construir con él interpretaciones y sentidos acerca de su vivencia erótica y sexual, recurriendo tanto a la información precisa, como al más amplio juego metafórico. De esta manera salimos de la simple taxonomía de la conducta humana para favorecer la posibilidad de recrear el goce compartido.

Ser y tener

La inseguridad que se genera al no podernos vincular a los otros de manera espontánea y creativa, tratamos de suplirla con el afán de poseer. Es entonces cuando se desata una compulsión por poseer objetos, dinero, ropa de marca, a fin de imponernos sobre los demás, en una relación interpersonal signada por la competencia despiadada.

Cuando acumulamos dinero, pretendemos también acumular poder para acceder a relaciones interpersonales genéricas, donde no comprometemos a fondo nuestra intimidad. Este tipo de relaciones no satisfacen jamás nuestras necesidades afectivas y sexuales más sentidas. El dinero es un fetiche que nos permite creer en la posibilidad de acceder a todos los caminos humanos sin necesidad de establecer previamente relaciones respetuosas y singulares. Podemos poseer muchos cuerpos u objetos, sin lograr acceder a la singularidad del otro ni poder expresar nuestra propia singularidad.

En un mundo dominado por las transacciones de mercado, donde el cuerpo es también un objeto de compra y venta, es fundamental aprender a valorar lo que somos frente a lo que tenemos. Lo que soy es lo único genuino que puedo ofrecer. Lo demás, lo puedo conseguir en cualquier supermercado. En el ecosistema humano, lo valioso, lo importante que tengo para ofrecer, es mi singularidad y mi diferencia. Y ésta es una realidad corporal, sensorial y cultural, que no puede convertirse en objeto de compra y venta. Es más bien una realidad por compartir.

Las emociones son siempre sentimientos compartidos. Cuando nos vemos afectados por una determinada emoción —risa, llanto, alegría, tristeza— no se trata de una experiencia aislada. Es la manera de representarnos la relación que tenemos con otras personas, la vivencia de nuestro cuerpo en el mundo y el espacio. La emoción es una experiencia personal que está siempre destinada a ser compartida con otros. La alegría es sentirse liviano en las relaciones con el mundo. La tristeza es sentirse pesado en la comunicación con los demás. El miedo es desconfiar de quienes se nos acercan. En los ambientes familiares, en el barrio o en la escuela, en el bus urbano o en el estadio de fútbol, se comparten emociones que constituyen una especie de clima afectivo que puede ser, tanto benéfico como dañino, para nuestro crecimiento personal.

Mucho más importante que la información que se transmite, es la emoción que se comparte. Esta es la que nos señala con claridad el tipo de compromiso que asumimos, la realidad que nos circunda. Las emociones compartidas son parte fundamental del medio ambiente en nuestros ecosistemas. Prestar atención a los climas afectivos es para el ecosistema humano tan importante, como para un agricultor prestar atención a las variaciones de la temperatura o al régimen de lluvias. Nuestros recuerdos infantiles hacen referencia a esos climas afectivos compartidos, a los gestos de quienes nos rodearon. Si el clima emocional fue de confianza, estaremos entonces dispuestos a vincularnos al mundo con gozo. Si al contrario, fue de sometimiento y violencia, cargaremos con un gran monto de sufrimiento.

Aprender es siempre aprender con otros. El aprendizaje es el producto de haber jugado nuestro cuerpo en el espacio, de haber compartido con otros una meta, un proyecto, una experiencia. En cada interacción, ofrezco mis habilidades y complemento mis debilidades. La dinámica del mundo es el producto de miles de millones de esfuerzos compartidos, donde las capacidades de unos vienen a complementar las dificultades de otros.

Mi cuerpo es tan valioso en sus fortalezas como en sus debilidades. Unas y otras constituyen la singularidad. Sólo porque soy un ser singular, diferente e irrepetible, enriquezco el ecosistema humano, posibilitando que los demás formen conmigo cadenas de interdependencia.

Fomentar las capacidades que cada persona posee es fomentar su singularidad, cultivarla como si se tratara del más preciado tesoro. Aquí la dinámica escolar juega un papel fundamental. Cuando entendemos el espacio escolar como una máquina homogeneizadora, donde todos los alumnos deben desarrollar iguales habilidades y comportamientos, estamos impartiendo una educación sexual violentadora de la singularidad. Porque en el ambiente educativo, la educación sexual tiene que ver, básicamente, con la actitud que asumimos frente al cuerpo del otro en sus procesos de aprendizaje.

Reciprocidad es ser capaces de entender dónde termina nuestra capacidad de comprensión y empieza una estrategia de aprendizaje diferente. Es pensar en el otro como un sujeto cuyo mundo no comprendemos nunca de manera plena, por lo que debemos siempre actuar frente a él con tacto y delicadeza. Reciprocidad es mostrarnos dispuestos a que el otro nos indique con sus actitudes y gestos un camino diferente que debe ser respetado.

Tercera parte

Pareja: misterio de la solubilidad

Conflicto sublime

Visto en su dimensión carnal, el amor es el encuentro de las singularidades que emergen del protoplasma vital, sin poder desprenderse de las redes de interdependencia que les brindan su alimento afectivo. Así anhelemos la autonomía o pretendamos instalarnos en un mundo de formas donde sólo reinen los entes abstractos, estamos obligados como seres singulares a expresar nuestras diferencias mientras nos miramos en el espejo de la fragilidad y la dependencia.

Este encuentro poco se parece al viejo relato de la media naranja donde las dos mitades se acoplan a la perfección. En tanto singularidades irreductibles, los amantes se parecen más bien al puerco espín, con su cuerpo cubierto de crines fuertes y púas córneas, seres tímidos que avanzan al tanteo buscando su alimento en medio de la noche, pudiendo por torpeza herirse o hacer daño a quienes se les acercan.

El conflicto amoroso debe ser entendido como un típico conflicto ecológico, ante el que es preciso asumir con éxito el enfrentamiento de la singularidad con la interdependencia. Es necesario confrontar el legado guerrero que, tras la noción de autonomía, esconde un gran temor a la reciprocidad afectiva. Postura que en el caso de los hombres compromete a fondo la perspectiva de género. En efecto, los hombres hemos sido educados para la autarquía afectiva, quizás como una manera de negar nuestra dependencia de la figura femenina. Desde niños el horror a la mujer se ha complementado con una afirmación intransigente de la virilidad, que nos pone siempre en situación de guerra amorosa. El machismo —y algunas formas aguerridas de feminismo— no son otra cosa que la máscara con que escondemos el miedo a la dependencia. La autonomía afectiva es el maquillaje que disimula nuestra fragilidad.

La primera víctima del machismo es el propio hombre. Su vida afectiva se empobrece y funcionaliza, limitando su papel al de proveedor malcarado, amante agresivo, o autoridad violentadora. Culturalmente ha sido usual que en la relación con los hijos al varón se le prohiba expresar sentimientos de ternura, porque se supone que la virilidad está relacionada con la frialdad afectiva, motivo por el cual todo intento de acercamiento amoroso se confunde con melosería. En realidad, lo que se perpetúa con estos comportamientos es una cultura guerrera que educa para la competencia rapaz, a través del miedo y la desconfianza.

La ternura da profundidad a la identidad masculina, acercando al hombre a la sabiduría. La ternura es en el ambiente familiar, la pedagogía de la norma. Cuando la norma es enseñada sin calor afectivo, es imposible obtener por parte de los hijos un acatamiento responsable y maduro de la autoridad. Sólo es efectiva la enseñanza de la ley que se acompaña de ternura, pues la ternura es precisamente esa conjunción de fuerza y delicadeza que permite ejercer la autoridad sin llegar a violentar ni aplastar la diferencia. Una autoridad acariciadora es la única capaz de educar para la libertad, al contrario de las autoridades frías y agarradoras, que sólo lo hacen para la sumisión y el despotismo.

Teniendo presente la necesidad de avanzar hacia un horizonte de ternura, no podemos olvidar que por nuestra torpeza afectiva, de alguna manera todos hemos participado de la vieja guerra amorosa entre los géneros. Sigue siendo frecuente anteponer los proyectos sociales a las vivencias afectivas, que pueden ser vistas como obstáculo para el liderazgo social. Rebelándonos contra estas abstracciones de la cultura es preciso constatar, en la propia experiencia amorosa, que somos seres afectivamente dependientes. Siempre el amor nos toma por asalto. Cuando menos lo pensamos ya unos ojos nos han embrujado, ya una voz nos ha envuelto en sus fonemas, ya un cuerpo nos ha provocado, ya el amor nos ha atrapado entre sus redes.

Estas afirmaciones pueden ir en contravía de ese énfasis que hacen en el "desapego amoroso" algunos escritores de moda, que recuperan para nuestra época viejas tradiciones orientales. Aceptando su validez como metáfora para señalar el peligro de la posesividad, parece por momentos que se tratara de un planteamiento que nos invita a romper con el amor carnal, con los apegos terrenales, como si no fuera en el terreno de la carne donde los mortales debemos siempre tomar nuestras decisiones. Es imposible prescindir de la singularidad que enriquece nuestro entorno, por ser en ella donde se produce el misterio de la encarnación. El desapego amoroso poco dice a esos seres que asumen su realización de cara al mundo, en la travesía de la carne, a quienes saben que la ética se expresa mejor a través de un cuerpo cálido, a quienes mueren por falta de caricias, a quienes asumen a diario la aventura de su sexualidad como una forma de saberse y de saber de los demás, a los mortales que se juegan su vida en un mundo hecho de apegos singulares.

Preocupan igualmente algunas propuestas de la "Nueva Era" comprometidas con una metafísica instrumental, que pretende atar o desatar afectos mediante fórmulas y conjuros que se olvidan de los cuerpos presentes y singulares, para convocar, en abstracto, las energías del universo. Dejan muchas dudas esas construcciones culturales que aparecen como sustituto de una vinculación carnal y singular que no logramos consolidar en el mundo cotidiano, que a pesar de los conjuros sigue cruzado por la incertidumbre y el miedo a la libertad. Los discursos grandilocuentes no pueden ser sustitutos del fracaso afectivo. De nada sirven los miles de hechizos o la invocación a las energías sanadoras, si lo que escondemos es un despecho amoroso, una herida afectiva que no encuentra en la vida cotidiana una caricia que nos cure del temor al compromiso emocional.

Es preocupante ver cómo la mentalidad guerrera, tan cercana siempre a las construcciones paranoides, intenta reemplazar con un discurso, con una declaración genérica de amor a la humanidad o al universo, ese calor y ese contacto que no logramos establecer entre los cuerpos. La defensa de la dependencia afectiva y la recuperación de la ternura pueden por eso entenderse como una lucha constante por resistirnos a la paranoia machista, guerrera e institucional, que nos sigue inundando por doquier. Una lucha contra los intentos por deserotizar al mundo, pero también contra el mercado sexual que nos impone la eficiencia coital. La ternura es la manera de dignificar el ejercicio carnal y el conflicto amoroso, entendiendo la sexualidad como aventura sublime de las almas, y el encuentro erótico como alquimia donde los umbrales de la sensibilidad se perfilan, descubren y permutan, para energetizar, con su influjo, la vida social, cultural y productiva.

La gallina de los huevos de oro

Sin lugar a dudas el aprendizaje básico del enamorado se resume en la vieja fábula de la gallina de los huevos de oro. Un campesino encontró una gallina que ponía cada día un deslumbrante huevo de oro. Aunque tal donación satisfacía sus necesidades básicas y sus más cercanas expectativas, llegó el momento en que tentado por la avaricia, decidió sacrificar al animal, para poseer de una vez por todas la mina de oro que se escondía en sus entrañas. Pero cuál no sería su asombro y frustración al ver que se trataba de una gallina normal, quedándose al final sin el huevo y sin la "mina".

¿Cómo recibir el don, el objeto precioso, sin caer en la codicia, o pretender poseer como propiedad privada la fuente que nos enriquece? En una sociedad donde la primera habilidad que se aprende es la de contar y calcular, es bueno recordar que el amor es una experiencia resistente a cualquier cálculo de utilidad, pues sólo procede por la vía de la gratuidad. Pero con mucha frecuencia quedamos atrapados en una lógica usurera del amor, o en la fatídica paradoja del rey Midas que, al querer un mundo a la medida de sus deseos, transformaba en oro todos los objetos que tocaba, muriéndose al final de tristeza por no poder acariciar a un ser humano de carne y hueso. Eso sucede a quienes convierten el amor en una sustancia universal comparable a la moneda, arrancándolo de esa fragilidad y contingencia que lo hacen flor que nace sólo del encuentro singular.

Es imposible reducir la vivencia amorosa a una experiencia genérica, pues enamorarse es precisamente captar en la otra persona su insondable singularidad. Descubrimiento gestual al que sólo acceden seres urgidos por el afecto ajeno, que creen morir si se les niega tan preciado alimento. El camino de acceso a la ternura no es otro que la constatación dolorosa de nuestra debilidad, el abandono del narcisismo, de la megalomanía y la prepotencia. Vivencia que se alimenta de la sensación de necesitar vitalmente de esos seres carnales que comparten con nosotros los instantes, reconociendo en ellos la más cercana realidad que nos es posible contactar, el más inmediato horizonte para nuestra realización personal.

La dependencia es el reconocimiento de necesitar de uno o varios seres singulares, que se vinculan sutilmente a nuestras vidas, sin que podamos cambiarlos de manera genérica en algún bazar amoroso. Tal vez lo que más caracteriza a la experiencia amorosa es la atracción singular, irrepetible, que hace que sean un hombre o una mujer concretos, aquellos a quienes anhelamos, sin que podamos cambiar sus cuerpos o sus gestos por cualesquiera otro que se atraviese en el camino.

Al reconocer la dependencia, deponemos de plano las estrategias guerreras, viéndonos obligados a dignificar el combate amoroso. Al hacerlo, empezamos a cambiar poco a poco, pero de manera decisiva, nuestra aventura afectiva. Nos vamos volviendo inmunes al despecho. Una pequeña revolución cultural empieza a operarse en nuestros gestos y en nuestros encuentros.

La recuperación de la ternura es fundamental para poder afrontar el más grande reto del mundo contemporáneo: la vida amorosa en la intimidad. En ningún espacio es más fácil pasar de la caricia al agarre, de la seducción a la violencia. Sólo las parejas son capaces de llegar al odio incontenible después de haber transitado por una pasión fusional y desbordada. Sólo en la vida de familia y en la vida de pareja llegan a endurecerse de tal forma las palabras y los gestos, que sin darnos cuenta expulsamos la calidez para caer en el manoseo, la funcionalización y el irrespeto.

Pues de la misma manera que el clima es determinante para el adecuado desarrollo de los ecosistemas naturales, también la calidez es necesaria para el buen funcionamiento de los ecosistemas afectivos. Para que puedan crecer las singularidades es recomendable establecer controles de calidad afectiva, que nos permitan estar seguros de dar y recibir un afecto propicio al mutuo ejercicio de la libertad, sin chantajes ni manipulaciones. Así como realizamos, para beneficio de los consumidores, controles de calidad a los televisores, vestidos o alimentos, es importante también establecer pactos de ternura que nos permitan cuidarnos en el conflicto, sin caer en la guerra sucia amorosa.

No podemos asumir como fatalidad inevitable que la aventura amorosa termine en el aplastamiento. El presupuesto vital que nos permite una enunciación de la ternura es aceptar que estamos ligados, de entrada y de manera inevitable, en un combate amoroso. La ternura es una tregua en nuestras relaciones de género, tregua que parte de reconocer la fragilidad y la fractura compartidas. Reconocer de antemano esta "derrota" no es, sin embargo, resignarnos a la sumisión o al servilismo. Es más bien redefinir el campo de lo decidible, pues no se trata de defender la libertad como un principio de autarquía amorosa que perpetúa una falacia patriarcal, sino de acceder, en la interdependencia, a un sesgo, a un matiz, a una fisura, que nos permita conservar para el amor su condición de línea de fuga. De esta manera se posibilita que, incluso en medio del más cerrado aparato de captura, pueda el afecto mantener su carácter de flujo que se resiste a un estado de perpetua solidez. En otras palabras, se trata de buscar la expresión de la singularidad sin desconocer por eso la inevitabilidad de la dependencia.

Reciprocidad y género

A diferencia de quienes defienden la autonomía a ultranza en el amor —asunto diferente a la autonomía en el campo ético—, debemos tener presente que es la singularidad, tanto la propia como la ajena, aquello que es preciso cultivar, pues hacerlo nos embellece y favorece la provisión de un adecuado alimento afectivo. Nada sano puede ofrecernos un ser humano a quien se le ha aplastado su singularidad. Pero reconocer la fragilidad no es nunca empresa fácil. Los hombres que se atreven a hacerlo pueden culminar en nuestra cultura en una inversión total de sus marcadores de género, o en una sumisión al poder femenino dentro de la pareja o la familia, dándose ese curioso caso de reordenamiento de los marcadores sociales que llevan a que la polaridad "hombre fuerte-mujer débil" sea reemplazada por la de "mujer fuerte-hombre débil", asumiendo la esposa o la madre, muchas de las miserias y tiranías propias del patriarcado. No es suficiente, por eso, que el hombre se declare constructor de la ternura. Es necesario, además, que la mujer asuma como propia esta ética de la fragilidad.

Llegó la hora de redefinir el pacto entre los géneros, para que el conflicto amoroso pueda verse liberado de viejas modalidades de guerra sucia, que se han vuelto corrientes en el campo de los encuentros afectivos. Entendamos entonces las diferencias entre guerra sucia y conflicto amoroso. La primera —la guerra sucia amorosa— es aquella que hemos vivido por imposición cultural desde nuestra infancia, a tal punto que en la actualidad todos, sin excepción, portamos alguna cicatriz, alguna herida o sufrimos alguna mutilación como producto de esta guerra no declarada. Si fuera posible tomar una escanografía amorosa —técnica que menos mal no se ha inventado— quedaría al descubierto que todos estamos afectados: unos cojos de amor, otros mancos o tuertos, y algunos en cuidados intensivos amorosos, anhelando respiración boca a boca, pero asistidos a duras penas por un respirador mecánico.

El conflicto amoroso, al contrario, es la condición propia de seres singulares que no pueden, sin embargo, renunciar a la interdependencia. Al igual que les sucede a las plantas o a los animales de un bosque o ecosistema, necesitamos vitalmente de los otros para nuestro crecimiento. Este conflicto puede verse agravado por la presencia de la guerra sucia, que consiste en atacar al otro en sus partes frágiles, para someterlo a nuestro poder e impedir su crecimiento. Es entonces cuando la dependencia se vuelve insoportable, pues en una guerra a muerte es peligroso mostrarse débil o depender del enemigo. La defensa simplista de la autonomía amorosa en una cultura mercantil, egoísta y guerrera, como la nuestra, suele servir de estrategia a los despechados amorosos para afianzarse en su pequeño territorio y negociar sus afectos de manera cicatera, como un mercader que al intercambiar sus productos desconfía de la simpatía del otro mercader, que a su vez le ofrece los suyos en la plaza.

La reciprocidad sexual y amorosa pasa necesariamente por el reconocimiento de las diferencias de género. Somos hombres o mujeres no solamente por las diferencias anatómicas o genéticas de nuestros cuerpos. Lo somos, además, porque hemos aprendido a utilizar de manera diferente los recursos del poder, a integrarnos de manera diversa en las prácticas culturales y a expresar, con énfasis distintos, nuestras necesidades y sentimientos.

Las diferencias de género han servido, en ocasiones, para justificar sistemas de explotación sexual y económica. La mujer en particular, ha sido víctima de este mecanismo discriminatorio, que se perpetúa todavía en muchos lugares de la tierra. Igualmente, el hombre ha sido empobrecido por la cultura del machismo, pues se le ha negado la posibilidad de expresar plenamente su afectividad, condenándolo a una sexualidad funcional y penetradora.

Las diferencias de género no pueden ser negadas, pues ellas son necesarias para la expresión de la diversidad afectiva y cultural. Sin embargo, no pueden seguirse convirtiendo en pilares de un sistema de dominio, de chantaje y explotación. Tanto el hombre como la mujer deben confrontar sus prácticas cotidianas, para tornar visibles las maneras como articulan el afecto al poder y lograr, de esta manera, transformar las modalidades que utilizan para combinar el dominio interpersonal con el ejercicio de la sexualidad. Unos y otros deben asumir con espíritu crítico la pregunta sobre la forma como agarran o acarician, como aplastan o cogestionan, interesados por saber si están o no contribuyendo con su comportamiento a la crisis ecológica de la interpersonalidad.

La reciprocidad supone el cultivo y respeto de la diferencia. De esta manera, podemos acercarnos al otro para degustar el goce que se deriva de entrar en contacto con formas de sensibilidad que nos confrontan y complementan. Incluso, más allá de la diferencia entre los géneros, debemos aceptar que cada ser humano es distinto en sus estrategias amorosas, motivo por el cual siempre tendremos que enfrentarnos a la experiencia de un otro que, a la vez, nos complementa y nos niega. Saber articularnos a la diferencia es un reto que encontraremos siempre, bien sea que nos adentremos en una experiencia de amistad, o que seamos arrastrados por el turbión de la pasión amorosa.

¿Qué es una pareja?

La pareja es el amor complementado con la amistad. Dos seres diferentes se integran para alimentarse mutuamente en un mismo nicho afectivo, sin poner en entredicho su crecimiento personal ni el cultivo de sus diferencias.

La vida en pareja es uno de los retos más grandes del mundo contemporáneo. Las dificultades para la vivencia en la intimidad alcanzan tal magnitud, que podríamos hablar de una especie de desastre cultural, producto de un gran analfabetismo afectivo que nos impide conciliar dos necesidades básicas: la mutua dependencia con el crecimiento de la singularidad.

El chantaje afectivo lleva a que la vida de pareja se torne con frecuencia insoportable. Este chantaje consiste en hacerle saber al otro de manera explícita o implícita que le damos nuestro cariño, siempre y cuando sea como nosotros queremos que sea. Esta situación genera odios y violencia, pues a medida que uno de los miembros de la pareja crece, el otro se muestra inseguro y disgustado, retirándole su apoyo afectivo. De esta manera pone zancadilla a sus anhelos de crecimiento personal.

Otro mecanismo muy frecuente de irrespeto dentro de la pareja es creer que ya conocemos a la otra persona. Cuando uno de los miembros de la pareja sale con una propuesta novedosa, inmediatamente el otro lo descalifica, pues supuestamente ya lo conoce. Pero, en realidad, lo que casi siempre conocemos de la otra persona son sus fracasos, con lo cual empobrecemos la imagen que tenemos de él o ella, porque lo condenamos a la estupidez, sin abrir posibilidades para nuevos desarrollos o descubrimientos. No digamos nunca "ya te conozco", porque puede ser mucho más hermoso y respetuoso preguntarse de nuevo y después de varios años de convivencia: "¿Quién eres?".

La vida en pareja es difícil porque es un experimento cultural contemporáneo, sin antecedentes en la historia. Hasta hace poco la mujer era sojuzgada y menospreciada por el hombre, negándosele incluso sus derechos civiles. En las últimas décadas la mujer adquiere una condición de igualdad legal frente al hombre, generándose la posibilidad de una auténtica vida de pareja. Sin embargo, no ha sido nada fácil avanzar en la construcción de relaciones amorosas que mantengan para hombres y mujeres condiciones de igualdad y reciprocidad. La batalla entre los sexos, que por tantos siglos ha soportado la humanidad, se traslada con frecuencia a la intimidad de la pareja, dificultando muchísimo el buen funcionamiento de nuestras relaciones.

Lo más sano para los hijos es que los padres mantengan una vida de pareja mediada por el respeto y la reciprocidad, relaciones en las cuales el hijo o la hija no empiecen a funcionar como una tercera bola de billar, sin la cual es imposible hacer la carambola. Asunto que acontece cuando, incapacitados para hablar entre ellos, los padres expresan sus molestias o agresiones a través de los hijos, imponiendo sus condiciones con expresiones como "dígale a su mamá que haga esto o lo otro" o "llegue temprano a la casa porque los niños no pueden dormir".

En su forma más extrema, el niño empieza a presentar enfermedades psicosomáticas como la bronquitis asmática o diversos tipos de alergias, dolencias que se agravan cuando los padres pelean, obligándolos así a una solidaridad forzada para cuidar al pequeño. Por supuesto, no es bueno para la salud mental de los chicos sentirse manipulados en sus emociones, cargando con la responsabilidad de los fracasos de sus padres, y menos aún convertirse en el "síntoma cristalizado" de una relación defectuosa. En cualquier caso, sería más sano hablar de manera directa, sin tener como excusa a los hijos, que tarde o temprano terminan recibiendo los golpes e incomprensiones que hacen parte del enredo de los adultos.

La identificación sexual del niño depende, en gran medida, de la capacidad que tengan sus padres para mantener relaciones recíprocas y de solidez afectiva con su compañero o compañera. Incluso, en el caso de un padre o una madre separados, el niño percibirá la manera como ellos se relacionan afectivamente con otros adultos, aprendiendo por imitación acerca de la forma de dar y recibir cariño.

Es muy dañino para el niño o la niña que los padres decidan sacrificar su propia capacidad afectiva o las posibilidades de relacionarse con otro adulto, argumentando que lo importante ahora son los hijos. El hijo jamás puede sustituir esta reciprocidad que necesita el adulto, haciéndosele más bien un daño al chico, pues se lo sobrecarga con una demanda a la que no puede responder de manera satisfactoria. La mejor manera de educar sexualmente a un niño es que el adulto acceda a la vivencia gratificante de su propia sexualidad, a una vida de reciprocidad afectiva con su pareja. Lo demás, vendrá por añadidura.

La pareja comparte, ante todo, el alimento afectivo. Su pacto central es, y debe ser, el cuidado mutuo, brindándose el apoyo necesario para sacar adelante sus proyectos vitales. Durante muchos años la razón fundamental del matrimonio fue establecer una alianza económica, donde lo secundario era el amor. Se suponía que éste llegaría con el paso del tiempo, por mutuo acostumbramiento. Y si no llegaba, tampoco se consideraba fundamental su presencia.

Ahora las cosas han cambiado. Lo fundamental dentro del matrimonio es la relación de pareja, que surge de un mutuo enamoramiento. Es decir, el matrimonio es ante todo un pacto afectivo, que busca potenciar los proyectos de crecimiento personal que tiene cada uno de los miembros. Estos proyectos no necesariamente deben ser compartidos. En ocasiones, aun, suelen ser diferentes. La pareja debe saber reconocer qué es lo que la une y qué los separa, pues puede ser muy peligroso confundir ambos niveles.

En la vida íntima pueden existir gustos o preferencias, que no sean compartidas por ambos miembros de la pareja. Esto no tiene por qué considerarse un conflicto irresoluble. El pacto amoroso para brindarse mutuo apoyo afectivo, no tiene por qué convertirse para los cónyuges en una experiencia de aplastamiento de la singularidad. Es preciso respetar estas mutuas diferencias, pues haciéndolo, el alimento afectivo que se brinden será más pleno.

Construir pareja: esfuerzo de cada día

Parte significativa del sufrimiento que embarga a la pareja reside en la poca comprensión que tienen hombres y mujeres de las tensiones históricas y sociales que, independientemente de su voluntad, afectan la relación. Sobre la pareja contemporánea recaen múltiples exigencias económicas, culturales y afectivas, que hacen en extremo difícil construir una vida gratificante en la intimidad.

Es asombroso ver parejas que conviven durante años maltratándose mutuamente, generando niveles de agresión que asfixian y hacen irrespirable el ambiente conyugal. Es frecuente, incluso, que muchos de ellos lleguen a una edad avanzada hiriéndose sin descanso, descalificándose y reprochándose el uno al otro, tanto en público como en privado. En las reuniones sociales vemos como se desmienten con sus gestos y miradas, sin poder esconder la fatiga que mutuamente se producen. Basta un gesto o una palabra de cualquiera de ellos para que se desencadenen violencias sutiles, que hieren en lo más profundo de las fibras afectivas. Un enjambre de emociones se dispara y viejos rencores campean en la escena. Aliada a la memoria corporal, la violencia hace su ingreso sin que nadie, de manera explícita, la haya convocado. ¿Cómo es posible —pensamos— que a pesar de tantos años compartidos se sigan violentando? ¿No es una vida tiempo suficiente para aprender a amar? Los años de convivencia, antes que ayudar a mejorar, endurecen la relación, viviéndose en un estado permanente de guerra, plagado de violencias sutiles y escurridizas, disfrazadas en ocasiones con la máscara del afecto y la protección; violencias que van destruyendo psicológicamente a las personas, hasta cercarlas en su crecimiento e impedirles su expansión.

Exhibimos, en ocasiones, una gran torpeza en nuestras relaciones con los otros, provocando escándalos y maltratos que nos desgarran en una frustrante soledad. Muchos de nosotros, sin darnos cuenta, conflictualizamos la dependencia afectiva, cargando con un monto indecible de nostalgia y despecho, que ensombrece nuestras relaciones amorosas. Todos vivimos a diario tratando de hacer realidad el sueño de la pareja, quedando cojos, mancos y ciegos de amor, pues en batallas inútiles perpetuamos nuestra miseria afectiva y nuestra incapacidad de acceder en la intimidad al goce compartido. Situación bastante grave si tenemos en cuenta que el mundo contemporáneo, con sus ambientes predominantemente citadinos, ha descargado sobre la pareja gran parte de la seguridad afectiva que necesitamos encontrar en la vida diaria. Triunfadores del mundo de la técnica, seguimos siendo unos aprendices del mundo de los afectos. Somos, de conjunto, una cultura con un grado alarmante de analfabetismo afectivo.

Amor y odio

Se habla mucho del amor sin aclararnos que lo más cercano al amor no es la ternura sino el odio. Una mirada somera a las relaciones de pareja y a ese nido de amor que por definición es la familia, bastan de sobra para confirmar esta observación. Es suficiente escuchar algunas canciones populares o vivir una relación íntima, para comprobarlo. Así dice una de las tonadas más conocidas: "Odiame, por piedad, yo te lo pido. Odiame sin medida ni clemencia: odio quiero más que indiferencia, porque el odio hiere menos que el olvido. Si tú me odias, quedaré yo convencido de que me amaste mujer con insistencia, pero ten presente de acuerdo a la experiencia, que tan sólo se odia, lo querido".

Odiamos al otro porque nos desilusiona; porque nos exige reconocer que no podemos esperar reciprocidad total; porque nos cuesta reconocer que le hacemos y nos hacemos daño si lo convertimos en objeto de una fe ciega. Odiamos al constatar que para construir el vínculo, debemos aceptar un cierto monto de separación y pérdida. Odiamos al darnos cuenta que todo discurso amoroso es provisorio, promesa que nunca se realiza tal como la habíamos soñado. Odiamos porque sentimos depender de otro, que es por completo diferente a nosotros, y cuyos actos no podemos controlar. Odiamos porque nos irritan sus gestos, su singularidad, todo aquello que no somos y que, al estar tan cerca de nosotros, nos conflictualiza y descentra.

Quien ama, siente que el eje de sus decisiones no pasa ya por su propio cuerpo, sino por el cuerpo de otro. Esto, por supuesto, genera una sensación de extrema debilidad, por lo que reaccionamos de manera espontánea, intentando controlar al otro hasta en sus más mínimos movimientos. He aquí las raíces del conflicto: por temor a perder nuestra seguridad aplastamos la singularidad del otro, convirtiendo la vivencia amorosa en un campo de batalla.

Para solucionar este conflicto es necesario recurrir a la ternura, que es un término medio entre el amor y el odio, ambos sentimientos muy humanos que se presentan a diario en nuestras relaciones afectivas, políticas y laborales. Se nos hace mucho énfasis en aprender a amar, pero nadie nos enseña a odiar. Como es algo que por definición no debería aparecer, ante la irrupción del odio en los espacios íntimos no sabemos qué hacer, tomando la vía de la actuación de nuestra intolerancia. Cuando hemos llegado a la frontera del odio, cuando nuestra irritación está a punto de transformarse en violencia, aparece la ternura como un conjuro social que nos enseña a convivir con seres diferentes, seres que a pesar de no responder por completo a nuestras exigencias y demandas, nos brindan calor y compañía, enriqueciéndonos con su presencia. La ternura es el camino que recorremos cuando nos hemos dado cuenta de la falibilidad humana, de la cercanía del odio y de la facilidad con que en la vida íntima nos convertimos en sujetos maltratantes.

Un lugar sagrado

La vida de pareja requiere de tacto y delicadeza; de un acompañamiento pasional que no debe confundirse con la compinchería. Una imagen de la historia comparada de las religiones puede caracterizar mejor esta situación. Lo sagrado, en todas las religiones antiguas, es una esfera o lugar de poder donde podemos encontrar fuerzas de vida, pero también de muerte. Tal es el caso del Arca de la Alianza, en la tradición israelita, capaz de mantener la unidad de las tribus, pero también de producir la muerte a quien se acerque a tocarla, sin respetar los rituales culturalmente establecidos.

Lo sagrado no puede ser manipulado. Para acercarnos a un lugar sagrado y alimentarnos de su poder, necesitamos delicadeza, tacto, astucia, olfato, en fin, espiritualidad. El mundo actual, que ha desplazado lo sagrado de la vida cotidiana, ha perdido por completo la dimensión y sutileza de este lenguaje. Dios está enjaulado en los templos y, ya ni los árboles ni los montes ni otros objetos del entorno diario, comparten las características de lo sacro. En un mundo que, bajo el imperio de la razón instrumental, ha expulsado lo sagrado de la vida cotidiana, dando "patente de corso" para que todo pueda ser manipulado, deberíamos mantener al menos un lugar sagrado, que sería por supuesto el lugar del otro. Porque el otro comparte esas características que los pueblos antiguos dieron a lo sacro. Puede darnos la vida, pero también la muerte. No podemos manipularlo y esculcarlo, porque terminamos generando una situación de violencia que, al revertir sobre nosotros, nos causa daño. Se necesitan complejos rituales de acercamiento para interactuar con los demás, sin peligro de maltratarlos ni maltratarnos. Y como si fuera poco, dado que el acercamiento íntimo está surcado por la ambigüedad, los equívocos y los abusos de poder, es necesario tener en cuenta que vincularnos al otro requiere de un acto supremo de tacto y sabiduría.

Al poner en juego la vivencia de la dependencia afectiva, la relación de pareja se adentra, sin que nos demos cuenta, en territorio de lo sagrado. Aseveración que no puede dejarnos olvidar que el amor, lejos de una visión romántica e idealizada, es también una experiencia que se encuentra a medio camino entre la sexualidad y el poder. Una y otra faceta se conjugan, para hacer de la experiencia amorosa un viaje interpersonal, a la vez difícil y sublime. Lo que se pone en evidencia al interior de las relaciones íntimas son complicados intercambios de placer y dominio interpersonal, en nada exentos de motivaciones económicas. La pareja contemporánea es la administradora de ese complejo legado cultural que nos obliga a transformar la atracción sexual en una microempresa exitosa. Los matrimonios han sido, y siguen siendo, alianzas donde se consolidan conveniencias sociales y se fortalecen transacciones económicas.

Sin embargo, y he ahí el dilema, la moral que nos inculca un gusto desmedido por la propiedad puede tomarnos impermeables a la vivencia, casi sacra, del sentimiento de dependencia. El símbolo máximo de esta forma de pensar es la acumulación monetaria, como manera de asegurarnos contra la dependencia frente a seres singulares. Tener dinero es poder afirmar la autonomía frente al otro, creyendo posible poder planificar la vida por encima de aquellas circunstancias que nos obligan a establecer relaciones respetuosas y singulares con seres diferentes. Temerosos de depender, de abandonarnos a las fuerzas que nos alimentan, encontramos en el dinero la figura que asegura la perpetuación de ese temor.

Pareja: tacto y sabiduría

Cabe reconocer que el amor es, ante todo, un sentimiento de dependencia afectiva y que, como tal, es un auténtico imperativo de nuestra existencia. Los ideales del amor cortesano o caballeresco, calcados de la lógica guerrera, no parecen responder a nuestras necesidades contemporáneas. Dependemos afectivamente de los otros, tanto como dependemos del aire, del agua o de la luz, y de la misma manera como los seres de un ecosistema se necesitan entre sí para asegurar su integridad biológica.

Pero la compulsión por el éxito y la eficiencia, el afán instrumental por dominar el propio cuerpo y el de los demás, así como el predominio del lenguaje de la funcionalidad monetaria, pueden ser sustitutos socialmente aceptados de una relación interpersonal tierna y gratificante que no logramos encontrar en la vida cotidiana, de la que se huye como si se padeciera una auténtica fobia a la vinculación afectiva. Esta conflictualización de la dependencia interpersonal va estrechamente ligada al predominio de diálogos funcionales, fenómeno que atenta a la vez contra las necesidades de dependencia y contra la emergencia de la singularidad dentro de la pareja.

La primacía de diálogos funcionales dificulta otras modalidades de comunicación que implican exploración afectiva y apoyo lúdico a la existencia. La sociedad contemporánea ejerce una gran presión sobre el nicho afectivo, invadiéndolo con diálogos funcionales, y dificultando en extremo otros tipos de comunicación. Sin embargo, el nicho ecológico de la intimidad necesita con urgencia de la comunicación lúdica y exploratoria, sin negar la importancia que tiene para muchas actividades de la vida diaria la comunicación de tipo operativo y funcional. Desde una perspectiva de ecología humana es preciso equilibrar la presencia de diálogos funcionales y diálogos lúdicos, abriéndole campo a estos últimos en la vivencia interpersonal. Entre más diálogos lúdicos se permita la pareja, más posibilidad de estructurar una red afectiva gratificante, flexible al momento de permitirnos el crecimiento personal.

Quien accede al misterio de la dependencia es como un velero que aprende a nutrirse de vientos encontrados, para alcanzar la expresión de su singularidad en medio de un mar amenazante. De allí que el secreto y fortaleza de la vida de pareja resida en entender que, la plena singularidad sólo puede encontrarse cuando nos abandonamos a la más plena dependencia.

Pacto de ternura

La ternura debe asumirse como un valor central para la relación entre los géneros, pacto entre hombres y mujeres que nos abre novedosas posibilidades para el manejo del conflicto amoroso. Al permitir la redefinición de nuestras relaciones desde el mutuo cuidado de la fragilidad, la vivencia de la ternura nos invita a sustituir la defensa abstracta de la autonomía por una ética ecológica, que fomenta la interdependencia a la vez que cultiva el crecimiento de la singularidad. Etica que se orienta al cuidado de los nichos afectivos y a la construcción de un clima favorable al ejercicio de la libertad.

Son muchas las mujeres que, de manera emocionada, suelen considerar que como ellas siempre han conocido la ternura desde la infancia, es importante que sea el varón quien se adentre en tan decisiva vivencia, para encontrar así la anhelada reciprocidad. Con algún dolor es preciso decirles que las cosas no son tan sencillas. La ternura es una vivencia tan difícil para el hombre como para la mujer, tratándose más bien de un valor que juntos debemos afianzar, para modificar la relación entre los géneros de cara a un nuevo milenio. Porque, más allá de ser un estado emocional, la ternura debe ser considerada además como un horizonte ético, una estrategia para el afrontamiento del conflicto, un pacto de confianza que impide caer en la guerra sucia amorosa.

Asumiendo que la vivencia amorosa y la dinámica familiar están surcadas de conflictos, el pacto de ternura actúa como un factor protector que permite encontrar alternativas a nuestros problemas, sin terminar aplastando al ser que amamos. La ternura es un nuevo aprendizaje del poder y de la fuerza, pacto de crecimiento que orienta a los padres hacia una aplicación de la autoridad sin sevicia ni despotismo, e induce a los amantes a brindar alimento afectivo sin poner en peligro la expresión de la singularidad. La ternura es una ética de la fragilidad que tiene como horizonte preferible el uso delicado de la fuerza. Una ética del poder que, aceptando la importancia de establecer claras normas de convivencia, nos impide olvidar que es fundamental aprender a combinarlas con una oferta generosa de afecto, esforzándonos por integrar, con tacto y sabiduría, la fuerza con la delicadeza.

No se necesitan grandes conocimientos para poner en práctica un pacto de ternura. Basta estar atentos a los gestos, palabras y comportamientos, para saber cuáles de ellos contaminan el nicho afectivo, generando sufrimiento e impotencia, teniendo además el valor y la decisión de modificarlos. En un mundo eficientista, donde a diario crecen los sentimientos de despecho y abandono, construir ambientes de ternura es saber encontrar la calidez de los instantes compartidos, ganancia sin lugar a duda incalculable.

Cuarta parte

Educación sexual: diálogo intergeneracional

Ecosistema afectivo

La salud y la vitalidad del ecosistema humano dependen del cuidado que prestemos a los nichos afectivos, favoreciendo estrategias de comunicación respetuosas de la diferencia. Esto sólo puede lograrse si generamos un ambiente lúdico, donde los seres humanos disfruten y sientan placer por lo que hacen y buscan. La funcionalización de las relaciones interpersonales y la aparición del chantaje afectivo, deterioran el ecosistema afectivo, produciendo condiciones adversas a la plena expresión de la singularidad.

Al igual que en los ecosistemas naturales debemos cuidar de las condiciones geoclimáticas, para hacerlas propicias al surgimiento de la vida, también en el ecosistema humano es preciso cuidar del clima afectivo, que se expresa como una sensibilidad colectiva y envolvente, que determina, en gran parte, la manera como nos relacionamos con los otros. Al cuidar el ecosistema humano propiciamos un desarrollo afectivo sano, respetuoso de la singularidad y cuidadoso de las redes de interdependencia, única manera de dejar atrás la torpeza afectiva que tanto sufrimiento nos causa en la vida diaria.

Para avanzar en la formación de un ciudadano libre, respetuoso de sí mismo y de los demás, es necesario comprender que la ternura no es sólo una necesidad humana sino también un asunto político. Sólo a través de la ternura es posible educar para la democracia y la convivencia respetuosa. La caricia, además de ser una experiencia erótica e íntima, es también un tipo de experiencia social, propia de ambientes cogestivos que se muestran abiertos a la diferencia. La democracia misma puede entenderse como una caricia social, mientras la violencia es un sistema de agarre y aplastamiento, que impide la emergencia de las singularidades.

Al actuar como agentes de cambio cultural, debemos preguntarnos por eso, una y otra vez, si en el ambiente cotidiano que compartimos predomina una actitud agarradora, o, por el contrario, florece una dinámica acariciadora. Esta última se caracteriza por avalar y fortalecer los aspectos afectivos ligados a la libre expresión de la singularidad, fomentando además un clima delicado y respetuoso de reciprocidad erótica, política, y social.

Pertinencia del apoyo afectivo

En ningún momento puede considerarse excesiva la entrega de cariño que podamos ofrecer dentro de un ambiente escolar o familiar. Por supuesto, siempre y cuando no se trate de un sistema de imposición o protección forzada, que reduce al otro a la impotencia, para impedir que se libere de nuestro chantaje afectivo. Aquello que se llama sobreprotección, no es tanto un exceso de amor como un amor mal dado, que aplasta las posibilidades de crecimiento del niño. El único criterio que tenemos para saber si el afecto que recibimos es el adecuado, es que este alimento favorezca el crecimiento de la singularidad. Un cariño que pase por el aplastamiento de la singularidad de quien lo ofrece o recibe, se convierte en todo lo contrario de lo que promete, siendo origen de vergüenza, sometimiento e impotencia.

No tiene por eso sentido dejar que un niño llore hasta extenuarse, para no volverlo "resabiado", temiendo que se acostumbre a nuestras caricias. Tampoco es pertinente aislarlo del contacto con los demás, porque presenta un berrinche o rabieta, pues este comportamiento asume el carácter de chantaje afectivo. Priman en nuestro medio pautas de crianza orientadas a desarrollar en el niño una dureza absurda, mientras se le convierte en el depositario de todas las rabias, odios y arbitrariedades de los adultos. De esta manera, lo que realmente se le quita es su capacidad de reaccionar ante el autoritarismo, tornándolo dócil a la manipulación de los déspotas.

Muchos adultos que se muestran inflexibles en el campo de la disciplina, esconden con frecuencia su propia incapacidad para entregar cariño con confianza y placidez, para ejercer con sabiduría la autoridad sin perder la delicadeza. Los niños pequeños detectan en su lenguaje corporal esta dificultad del adulto, tornándose irritables ante su presencia, siendo difícil calmarlos mientras no perciban en los mayores una actitud a la vez segura y acogedora. Nada más perturbador para el pequeño que recibir ese afecto tembloroso, producto de los temores y las culpas de un adulto incapaz de reconocer que, en la comunicación con el niño, los mensajes más preciados son precisamente aquellos que se emiten y reciben con el cuerpo.

El niño que llora desconsolado, irritando a sus padres, está solicitando el afecto y seguridad que le hacen falta, siendo inconducente calificar su conducta de berrinche o responder con reprimendas y controles que nieguen la satisfacción de aquello que vital y urgentemente necesita. Por este camino el problema se agrava, dando lugar a nuevas explosiones del pequeño, y a una mayor fragilidad e inestabilidad en su vida afectiva. Al pedir que lo acojamos corporalmente, el niño nos exige una seguridad en presente, sin racionalizaciones ni explicaciones sustitutas, sin excesos verbales ni discursos pedagógicos, lo cual sólo es posible si estamos dispuestos a reconocer la apertura gestual como el lenguaje universal de la infancia.

Al relacionarnos con el niño es necesario estar seguros de lo que ofrecemos, imponiéndose una apertura gestual que denote calor y compromiso corporal. Esta disposición afectiva no debe entenderse como una obligación; al contrario, es, y debe ser, una actitud de gozo. Sucede, con frecuencia, que los pequeños se resisten a dejarse acariciar o levantar en brazos por adultos que simulan simpatía o que rechacen a cuidanderos y profesores que no les infunden confianza. Al igual que los animales domésticos, ellos captan con facilidad mensajes corporales que nosotros, enredados en el lenguaje verbal, omitimos o pasamos por alto.

El ambiente familiar y educativo debe ser entendido como un clima cultural, como un lugar de encuentro que permita vivenciar una forma de sensibilidad respetuosa del cuerpo y la diferencia, porque es precisamente a partir de los climas de sensibilidad que a diario compartimos con los otros, como se va perfilando nuestra actitud ética.

Lo más importante y duradero de la influencia familiar y escolar es el clima afectivo que rodea al niño durante el período temprano de aprendizaje, dependiendo de la asimilación de este entorno la actitud corporal y mental que aprende a mantener ante la vida y los demás. La pasión es la gran artesana del conocimiento. Afecciones y no argumentos, hábitos y no juicios, gestos más que palabras y proposiciones, es lo que nos queda después de muchos años de trajinar por la vida, las aulas y la academia, como sedimento residual de experiencias y aprendizajes.

Este clima afectivo, que se muestra determinante para la formación del futuro ciudadano, echa sus raíces más profundas en el manejo explícito o implícito que hace la escuela de la afectividad. Siendo la vivencia afectiva un aprendizaje que tiene que ver con las relaciones de poder que establecemos en la intimidad, con la manera como nos acercamos a los cuerpos de los otros, bien sea valorándolos como personas o cosificándolos como objetos que ponemos al servicio de nuestro placer, es posible afirmar, en el mejor sentido de la palabra, que la educación afectiva es la educación política desde la perspectiva de la intimidad.

Es por eso que un proyecto de educación sexual y afectiva debe entenderse como una actividad encaminada a generar un clima de sensibilidad favorable al acercamiento cálido de los cuerpos, al intercambio lúdico de gestos y al fomento de actitudes respetuosas hacia la expresión de la singularidad.

La afectividad está directamente relacionada con la parte energética y motivacional de la vida humana, por lo que su formación decide la manera como nos vinculamos al mundo y la actitud que asumimos ante los cuerpos de los demás. Sin que nos demos cuenta, la capacidad de dar y recibir afecto se aprende de manera sutil en la interacción cotidiana, en la dinámica del aula, en los intercambios afectivos, a través de los ejercicios de poder que padecemos o ejercemos tanto en la escuela como en la familia.

Por eso, cabe registrar con beneplácito que cada día el afecto gane más terreno en la mente de los pedagogos y en las propuestas orientadas a la construcción de una nueva escuela. Porque, hay que decirlo con algo de dolor, durante mucho tiempo la afectividad estuvo excluida del campo de la reflexión universitaria y científica, y sólo de manera lenta, inicialmente como problema psicológico y en la actualidad como problema humano por excelencia, la afectividad y la sexualidad se han venido insertando en nuestros discursos y propuestas, hasta tomar la dimensión que les corresponde como componentes capitales de la vida humana.

Se desconocía, hasta hace poco, que la vida académica y la misma noción de paideia se asientan en Occidente, desde la lejana Grecia, en una relación erótica moralizante que impregna por completo los intereses del conocimiento. Ya lo señaló Platón, al igual que lo resaltaron los manuales que reglamentaron durante muchos siglos la vida monástica: la educación corre paralela a una cierta disciplina erótica, que obliga a sublimar la relación de seducción que se establece entre el maestro y el alumno, para llevar, a este último, a la identificación apasionada con ciertos modelos gnoseológicos.

Así carezcamos de un vocabulario amplio para designar los variados matices que asume el componente afectivo en el acto educativo, es imposible desconocer el papel de la emoción como moduladora y estabilizadora de los procesos de aprendizaje, ni dejar de pensar en la aventura pedagógica como una búsqueda afectiva de figuras de conocimiento, como un compromiso pasional que hunde su huella en la rejilla intelectiva. Lo que queda, al final de un período de formación académica, no es sólo un conjunto de conocimientos sino también, y de manera muy especial, un conjunto de hábitos, de escrúpulos morales y rutinas conductuales, que terminan ejerciendo un gran poder de reglamentación cognitiva sobre el educando.

Convocando los sueños compartidos

Un proyecto es la búsqueda conjunta de lo que no tenemos, pero que queremos construir. Es decir, lo primero que constatamos cuando nos unimos en una construcción colectiva son nuestras carencias y debilidades. En el caso de un Proyecto de Educación Sexual, se trata de establecer los puntos vulnerables en lo referente a nuestra capacidad afectiva y a nuestra manera de enfrentar los retos de la sexualidad.

Definidas las carencias, se establecen las metas a lograr. Estas pueden ser utopías, formas de convivencia que soñamos como ideales, las que a pesar de considerar buenas y deseables, no logramos integrar a nuestra vida personal. Ellas convocan nuestra imaginación y la obligan a convertirse, paso a paso, en realidad. Al intentar cambiar una realidad que resulta inadecuada, por otra más cercana a lo que deseamos, el proyecto actúa como un sueño colectivo que empieza a concretarse, una fuga que logramos convertir en realidad a partir de la experiencia compartida.

Pero en el proceso de convertir la imagen ideal en realidad carnal, son muchos los equívocos que se presentan. Aquí, como acontece en toda experiencia amorosa, se genera un conflicto por este choque permanente entre los dos planos, siendo necesario invocar el recurso de la ternura para abordar con sabiduría este conflicto. Pues mucho más que las finalidades y los sueños, son los equívocos compartidos los que toman el carácter de materia prima de la experiencia, de savia compartida en nuestras vivencias. Es posible que no se alcancen las utopías propuestas. Pero siempre quedará un tejido interpersonal, que secretamos al calor de los esfuerzos desplegados, de los avances y retrocesos, de los logros y los fracasos. Y es la consistencia de este tejido interpersonal el más importante saldo que nos queda al final del tiempo, el más claro indicador de la bondad de las aventuras y desvelos que vivimos.

Para alcanzar este saldo compartido es importante prestar atención tanto a los fines como a los medios, pues nada nos ganamos con invocar un horizonte de ternura si para alcanzarlo no convertimos la calidez en un medio para su consecución. La dictadura de los fines que no se acompaña de la calidez de los medios, produce al final una estructura inhumana y despótica. Es por eso importante que, sin dejar de asumir los propósitos centrales como derroteros de viaje, estemos abiertos a gestionar la incertidumbre, prestando gran atención a los procedimientos utilizados para enfrentar los conflictos. Es en la manera como asumimos los obstáculos y recodos del camino, donde se decide el carácter de un proyecto de educación sexual.

La educación afectiva y sexual es ante todo una educación de los detalles. Alejada de los discursos grandilocuentes, se define por la manera como interactuamos con los demás, por los gestos que aparecen en medio de la interlocución. Muchas veces estamos más preocupados por obtener un resultado final, acorde con nuestras normas morales, que por mostrar al niño, de manera vivencial y directa, la aplicación de esos valores que pregonamos con la palabra, pero que desconocemos con el gesto. Un buen proyecto de educación sexual y afectiva debe estar centrado en el presente, enseñando al niño a relacionarse con su cuerpo y con los cuerpos de los demás, mediante el recurso de poner en práctica una confianza básica y una disposición cálida, que se combinan con un adecuado respeto a la intimidad y a la libertad.

Formando sensibilidades

Para proceder a la transformación del ambiente educativo, dentro del proyecto de educación sexual nos permitimos sugerir dos ejes valorativos, que pueden servirnos para orientar el camino a seguir en la reconstrucción de la vida amorosa: reconocernos como formadores de sensibilidades, y tematizar la afectividad como dinámica central del proceso pedagógico.

El primero de los ejes propuestos es una invitación a reconocer que nuestro trabajo como maestros es formar sensibilidades, que se cultivan y constituyen en ambientes interhumanos, a través de mediaciones culturales cuya pertinencia debe estar sometida al escrutinio público. Es una invitación a salirnos de la razón teórica, para ingresar a la razón contextual; de limitar los poderes de la razón argumental, para ingresar a una racionalidad sensorial que nos permita integrarnos, de manera más plena, a las dinámicas de la vida cotidiana.

La meta por lograr no es tanto la acumulación de conocimientos, ni el desarrollo de habilidades específicas por parte de los alumnos, que bien pueden aprenderlas de manera individual. De lo que se trata, en este caso, es de modificar en conjunto el ambiente escolar, generando nuevos umbrales de sensibilidad compartida. De esta manera, la institución escolar deja de ser un monocultivo de niños, donde sólo tienen cabida los comportamientos estandarizados y homogéneos para adquirir un ambiente parecido al de una feria, con atracciones que seducen a nuestros sentidos y nos invitan a una construcción cálida y respetuosa de las relaciones interpersonales.

Aunque la comparación con una feria pueda parecer inadecuada, es importante entender que lo pertinente, como acontece en las festividades populares o en los ambientes de circo, es el sentimiento que se expande y nos envuelve, modificando de esta manera nuestros comportamientos. Sin perder sus objetivos intelectuales, la escuela que se atreve a formular un nuevo proyecto de educación sexual, debe pensar en los sentimientos y afectos compartidos, en la atmósfera colectiva que se respira, en los símbolos y gestos que van a determinar nuestro comportamiento amoroso.

Educación centrada en lo sensorial

No tiene sentido seguir perpetuando la separación entre el conocimiento burocrático que transmite el profesor y un saber cotidiano mediado por lógicas concretas, de las que nada nos enseñan en las aulas. Es necesario aplicarle a la escuela la epistemología de la cocina, donde lo importante no es la receta sino el efecto sensorial que al final se logra para hacer apetecible el plato.

La comparación, que puede resultar chocante para algunos, no por ello deja de resultar instructiva. Los buenos restaurantes no son aquellos que están exhibiendo ante el cliente su pesada maquinaria, la manera como lavan los platos o eliminan los desperdicios. Al contrario, tratan de crear un ambiente delicado y sugerente, con música y decoración agradable, para que podamos abandonarnos a las delicias del paladar. Pero el ambiente educativo parece obsesionado en ostentar su pesada maquinaria, a tal punto que aquello que al final nos queda en la memoria, no es el agrado del conocimiento, de su reconstrucción o confrontación epistemológica, sino el peso burocrático de las rutinas productoras de notas, de las guías y las tareas, de los proyectos y las evaluaciones.

Las burocracias educativas, encargadas de operar esta maquinaria, ni siquiera se han planteado, como lo están haciendo muchas empresas en la actualidad, la necesidad de centrarse en el cliente, que en el caso del proceso educativo no sería otra cosa que abrirse a la singularidad y a las lógicas sensoriales, única manera de adentrarnos en las cogniciones afectivas y en los componentes pasionales del conocimiento. Esta apertura es indispensable, pues sin ella es imposible avanzar en la construcción de un sujeto a la vez cálido y crítico, capaz de descubrir verdades y confrontar proposiciones sin caer en la dureza o el maltrato afectivo, dispuesto a dar vuelta a sus construcciones simbólicas sin tener que pagar el precio de la soledad o el abandono.

Reconstitución de los lazos afectivos

Un segundo eje valorativo, determinante para la puesta en marcha de un Proyecto de Educación Sexual, tiene que ver con la tematización de la afectividad. La afectividad debe ser sometida a un proceso de reconstrucción cultural que permita, desde una perspectiva de ecología humana, superar la crisis de la interpersonalidad que nos condena a una sexualidad funcional, carente de ternura y aplastadora de la singularidad. Avanzando hacia una estética pedagógica y propiciando de manera activa la superación del analfabetismo afectivo que nos embarga, debemos aprender a combinar con acierto la gratificación sexual con la formación integral de la persona. Será entonces posible avanzar de manera segura en un proyecto educativo para la vida y el amor.

Esta formación de la sensibilidad perfila al pedagogo como un esteta social, alguien que tiene como materia prima el cuerpo a fin de modelarlo desde una cierta idealidad, provocando el gesto desde el lenguaje y construyendo mediaciones culturales con el propósito de hacer posible la emergencia de sensibilidades y afecciones que tienen como paradigma el acercamiento delicado a la realidad del otro.

La estética pedagógica exige no solamente una actitud de precisión, sino de cuidado, por lo que se hace necesario ahondar sin vacilación en la reconstrucción de la dinámica afectiva. El afecto, entendido de manera amplia, deja de ser un simple asunto de la intimidad familiar para considerarse el caldo de cultivo en que se construye la ciudadanía. El afecto es el punto de cruce de nuestro cuerpo con el espacio, motivo por el cual la vivencia gestual e inmediata que tenemos del entorno adquiere la característica de dimensión humana fundamental para la formación ética y valorativa.

La sexualidad, rodeada ahora de su ropaje afectivo y simbólico, cultural y valorativo, se convierte en el eje constitutivo de la estética pedagógica. La educación sexual es una educación para la belleza y la certeza ética, tarea que convierte al maestro en esteta social, cuyo campo propio es esculpir sensibilidades.

Sensibilidad no autoritaria

Preguntarnos por la educación de la sexualidad es hacerlo por la sensibilidad que se genera en la escuela, la cual, no obstante las insistentes oleadas libertarias que arriban a las playas de la pedagogía, sigue siendo en muchos aspectos autoritaria.

La escuela perpetúa, en ocasiones, el anhelo de la razón burocrática de producir seres en serie, motivo por el cual fomenta actitudes de dominio y de poder más volcadas a la estandarización, que al crecimiento de la diferencia. Una cierta pasión por el uniforme y la uniformidad parecen hacer parte del orden y "buen gusto" que deben caracterizar a un centro de enseñanza.

En este caso, en el ambiente del colegio está ya presente de manera implícita una cierta educación sexual, orientada más a la homogeneización que a la diferencia. Porque educación sexual no es sólo información sobre genitales y venéreas. Educación sexual es todo aquello que tenga que ver con el cuerpo, con la manera de vestirnos y relacionarnos con los vecinos. Educación sexual es, de manera amplia, la relación de un cuerpo con otro cuerpo, la vinculación del ser humano a una dimensión integral de la vida, el espacio y la cultura.

Taller ininterrumpido

La sexualidad y la afectividad son componentes esenciales de la vida humana que enriquecen y diversifican la dinámica de los ecosistemas. A ellos está ligado nuestro devenir y futuro como especie biológica, pero también nuestra existencia como seres culturales. Al convertirnos en seres sexuados, deseantes, capaces de establecer vínculos afectivos y amorosos, nos constituimos también en sujetos humanos, con expresión en los terrenos social, político y laboral.

La escuela y la familia son ecosistemas humanos donde la experiencia sexoafectiva juega un papel fundamental, permeando por completo nuestra existencia diaria. La vivencia sexual y afectiva actúa como fuerza motivacional que anima proyectos individuales y comunitarios. Al pensar la dinámica sexual e interpersonal como un ecosistema humano, la vida cotidiana asume la forma de un taller ininterrumpido de convivencia, donde día a día se construyen y afianzan la singularidad y los vínculos afectivos. El educador debe reconocer la intensidad de estas vivencias que tienen lugar en los encuentros cotidianos, preguntándose por las actitudes que predominan en el ambiente escolar, familiar y comunitario, a fin de modificarlas, si es el caso, de manera participativa.

Buena parte de los bloqueos que presentamos los adultos en el momento de abordar ciertas temáticas sexuales y afectivas con los jóvenes, tiene que ver con el temor a compartir con ellos nuestras propias experiencias, optando más bien por una pedantería del saber que se refugia en fórmulas dogmáticas, que nada dicen sobre nuestros deseos o sobre sus conflictos.

La educación sexual es un típico diálogo intergeneracional, donde, tanto los padres como los adolescentes, aportan sus vivencias y sentimientos para contribuir al propósito de una mutua reeducación. Alejados de un modelo vertical y controlador, asumimos que la tematización de la sexualidad se presenta como oportunidad excepcional para profundizar en esa dinámica cultural tan importante, cual es la comunicación entre jóvenes y adultos. Se trata, entonces, de un ejercicio de mutua exploración, que da como resultado un aprendizaje social de los afectos y de las conductas sexuales, enriquecedor para unos y otros.

Aquí no vemos al joven como un simple receptor de conocimiento, sino como alguien que es capaz de leer críticamente su propio entorno, produciendo mensajes para sus compañeros y compañeras, mensajes que retoman activamente el saber cotidiano.

Entendida como taller intergeneracional, la educación sexual nos da luces para comprender lo que sucede cotidianamente en la institución educativa. Ya no entre padres e hijos, sino entre alumnos y maestros, la comunicación sobre el afecto y la sexualidad toma las características de un permanente encuentro intergeneracional que, en ocasiones, no se asume con el debido cuidado y respeto. Pretender que en este campo maestros y alumnos tengan las mismas motivaciones e intereses, es desconocer la brecha que los separa, tanto en la manera de expresar sus afectos como en la disposición de expresar en grupo sus sentimientos.

Por lo general, asumimos que el maestro debe callar sobre su vida íntima, sobre sus propias experiencias, limitándose a dar información escueta sobre una sexualidad desprovista de anécdotas y recargada de exigencias morales. Hablar sobre su propia experiencia puede ser considerado impúdico o al menos indecoroso. Pero no se trata tampoco de caer en la obscenidad o la chabacanería. La educación sexual en la institución educativa debe asumir el carácter de encuentro intergeneracional que compromete, vivencialmente, tanto a los maestros como a los alumnos.

En este campo, no es atrevido suponer que los temores y torpezas pueden venir más de nosotros, los adultos, que de los mismos jóvenes. Guardamos tan celosamente nuestra intimidad, que no sabemos cómo expresar en público ciertas cosas, sin caer en el exhibicionismo o el mal gusto. Pero compartir la intimidad no es chismorrear sobre deslices amorosos. Compartir la intimidad es acceder a la vida interpersonal con delicadeza. La mejor brújula para guiarnos en esta experiencia la ofrecen los mismos jóvenes. Dentro de la institución educativa puede invitárselos a realizar un censo de los diferentes sitios donde se establecen microrelaciones significativas, como los corrillos, prados y cafeterías, procediéndose además a registrar el tipo de comunicaciones cotidianas que establecen con relación a la sexualidad y el afecto. Esta labor, adelantada por los jóvenes, se convierte en el insumo para elaborar una propuesta educativa y preventiva que pueda ser aplicada de manera conjunta por alumnos y maestros.

Dar la palabra a los jóvenes, y convertirlos en agentes educativos en el campo de la sexualidad, puede ser una buena manera de liberarnos de los contenidos fríos, para acceder a otros que surgen de las preocupaciones de la vida cotidiana. Al hacerlo estamos ligando la educación y la prevención a las rutinas diarias, convirtiendo al joven en un actor social con capacidad de decisión.

Pero, como de todas maneras, incluso sin que nos demos cuenta, este diálogo intergeneracional sobre la sexualidad está siempre presente en la dinámica educativa, de lo que se trata, entonces, es de explicitar las condiciones en las cuales se realiza, siendo capaces de invitar a los jóvenes a que tomen la iniciativa. Quizás sea ésta una buena manera de empezar nosotros mismos a reeducarnos.

Quinta parte
Sexualidad y sabiduría

Dictadura de la vista y el oído

Mientras la televisión y los medios de comunicación saturan sus programas de contenidos sexuales y eróticos, la escuela sigue resistiéndose a considerar la sexualidad y el afecto como ejes centrales de la actividad pedagógica. Más aún, la angustia de los educadores frente al efecto de la televisión parece estar relacionada con la competencia desventajosa que establece este medio con las estrategias viso-auditivas de la escuela, que no logran superar el colorido y variedad de la pantalla chica.

Se olvida, sin embargo, que la escuela tiene una ventaja sobre la televisión, ventaja que no es suficientemente utilizada. Se trata de la presencialidad del alumno, de su compromiso kinestésico, de la dimensión tacto-olfativo de su existencia, a la cual de ninguna manera pueden llegar los medios de comunicación masiva. Menos mal que la televisión no tiene manos, porque entonces sí la batalla estaría perdida.

El comportamiento del individuo frente al poder anónimo de los medios de comunicación depende, en gran parte, de la apropiación que haya hecho de su realidad kinestésica y tacto-olfativa. Si esta percepción y apropiación es calurosa, tierna y respetuosa de la diferencia, el niño y el joven sabrán colocar un freno a la oferta televisiva y a las tentaciones consumistas, pues no tendrán necesidad de proyectar, en los modelos de identificación que transmiten los medios de comunicación, sus propias frustraciones cotidianas y afectivas. Pero si esta realidad inmediata es funcional y empobrecida, entonces la vulnerabilidad será grande, pues no habrá capacidad crítica ni distancia posible frente a los mensajes transmitidos por los medios.

Es curioso que la escuela no haya asumido de manera plena este papel de educadora en la intimidad. Ello sucede, quizás, porque durante mucho tiempo se ha considerado al intelecto separado de la experiencia erótica y sexual, censurándose de manera implícita la percepción mediada por el tacto, el gusto o el olfato. Desde hace mucho tiempo, Occidente prefirió buscar el conocimiento mediado por los exteroceptores —o receptores a distancia— como son la vista y el oído, dándole mayor importancia que al conocimiento proveniente de los receptores sensoriales de la cercanía. La nuestra es una cultura viso-auditiva.

La escuela, auténtica heredera de la tradición viso-auditiva, funciona de tal manera que al niño, para asistir al aula, le bastaría con tener un par de ojos, sus oídos y sus manos, excluyendo para su comodidad los otros sentidos y el resto del cuerpo. Si pudiera hacer cumplir una orden semejante, la escuela pediría a los niños que vinieran a clase sólo con sus ojos y oídos, acaso acompañados por la mano en actitud de agarrar un lápiz, dejando el resto del cuerpo en su casa a buen resguardo.

"Mirar y no tocar se llama respetar", es una expresión que ejemplifica el deseo del maestro de excluir cualquier experiencia que pueda comprometer al niño en la cercanía y la intimidad. La intromisión del tacto, el gusto o el olfato en la dinámica escolar, se viven como amenazantes, pues la cognición ha quedado limitada al ejercicio de aquellos sentidos que pueden ejercerse manteniendo la distancia corporal.

Experiencia tacto-olfativa

Lo que diferencia la información transmitida de manera genérica en el aula o por los medios de comunicación, de ese tipo de conocimiento que llamamos "sabiduría", es que la primera permite el manejo de datos y cifras sin comprometer a fondo la emoción, mientras que la sabiduría favorece precisamente todo lo contrario, la combinación de la información con los afectos y las vivencias.

Es posible encontrar una persona con mucha información, pero sin sabiduría. Y al contrario, podemos encontrar una persona con gran sabiduría, que no maneje tanta información como la que se le exige a un periodista o a un investigador técnico en el mundo contemporáneo. La sabiduría tiene además una estrecha relación con las situaciones de conflicto. Mientras la información nos presenta el mundo en blanco y negro, en positivo y negativo, como lo exigen los lenguajes de las computadoras, la sabiduría nos permite adentrarnos en el mundo ambiguo de las relaciones interpersonales.

El mundo interhumano está siempre cruzado de matices encontrados, de situaciones ambivalentes, de ejercicios de poder y estrategias de seducción. Pero cuando más se necesita sabiduría es cuando se cruzan la sexualidad y el poder, situación bastante frecuente en la vida íntima y social. Pues lo que torna conflictiva la vida de pareja o la convivencia entre seres humanos, es precisamente este cruce de las pasiones eróticas con las estrategias de dominio y poder.

El papel de la escuela debe estar dirigido más a la formación de la sabiduría, que a la transmisión de información, pues la primera requiere de la interacción y la presencialidad, mientras la segunda bien puede pasar a través de los medios masivos de comunicación. Sin embargo, como la palabra sabiduría puede parecer inusual y arrogante, digamos más bien que se trata de formar el "tacto" o el "olfato" del alumno, palabras que en la vida cotidiana y coloquial significan lo mismo que "sabiduría". Ya no es común oír decir que alguien es "sabio", pero sí que tiene "tacto" u "olfato" para enfrentar los problemas y resolverlos.

Desde su matriz afectiva, la sabiduría puede definirse como un acto supremo de ternura, caricia que se torna conocimiento, olfato que se orienta en el entorno, tacto que sabe palparse a sí mismo al momento de tocar. Compelidos a tomar nuestras decisiones, los seres humanos actuamos como sabuesos que huelen el ambiente a fin de calcular sensiblemente sus desplazamientos. Frente a las grandes dificultades, recurrimos al olfato y al tacto, los más íntimos de los sentidos, para orientarnos en medio del conflicto. "Esa persona tiene olfato", "aquel otro tiene tacto", decimos, para calificar a quienes son capaces de moverse en medio de las turbulencias humanas y percibir en el contexto el desplazamiento correcto.

Pero, ¿qué estamos haciendo para educar el olfato y el tacto? Nada, absolutamente nada. El tacto y el olfato son sentidos excluidos y menospreciados, a tal punto que se nos ha olvidado incluso que la espiritualidad es ante todo una experiencia tacto-olfativa.

Aprendiendo a oler

Ruah, el término hebreo que quiere decir espíritu, se deriva de un verbo que significa "oler" —reah—. En la Biblia antigua o pre-exílica, hombre espiritual es aquel capaz de oler de manera muy precisa lo que sucede en el entorno: las furias, los temores, las urgencias afectivas, la pertinencia de los símbolos y la cercanía de las catástrofes.

De igual manera, el término nephesh —que traducimos por "alma"— significa en su traducción original "garganta sedienta". El término designa a un ser siempre singular, ávido de vida, que se ensancha o encoge como una esponja según la afección que lo atribule, semejante a una garganta sedienta acosada por elementales necesidades nutricias. Un ser que sueña siempre con saciarse, pero que se revela incapaz para alimentarse completamente de sí mismo.

Cuando Yavé infunde *nephesh* al muñeco de arcilla, le está inculcando sed, urgencia, necesidad de los otros, anhelo insaciable de afecto y reconocimiento. Volcado siempre hacia afuera, el ser humano se muestra en alto grado vulnerable y completamente dependiente, pudiendo decirse de él que es el lugar de la voracidad afectiva.

El maestro, como orientador, debe estar en capacidad de oler en el entorno las claves para avanzar en la reconstrucción de las relaciones interhumanas, afianzando en el alumno su singularidad y dotándolo de suficiente seguridad afectiva y capacidad crítica para poder interactuar con las demandas consumistas a que se ve sometido en la sociedad contemporánea. De esta manera, estará ejerciendo desde la intimidad un contrapoder afectivo y valorativo, que ayuda al futuro ciudadano a confrontar las veleidades del mercado y a tomar correctamente su elección.

Entendiendo la pertinencia tacto-olfativa del aprendizaje escolar, y avanzando en la integración de la afectividad a las estrategias de conocimiento, estaremos sin duda contribuyendo a superar el gran analfabetismo político y afectivo del que se alimenta el consumismo de masas, propendiendo porque esa urgencia insatisfecha de calor y reconocimiento que nos contribuye como seres deseantes, no termine volviéndose contra nosotros bajo la figura trágica y demoledora de la compulsión y la violencia.

Recuperación del olfato

El aula esta diseñada para una comunicación viso-auditiva que sirve de soporte al ejercicio de la lecto-escritura.

El olfato aparece como un sentido de menor valía, siguiendo el razonamiento de Emmanuel Kant, quien en sus lecciones de antropología pragmática, no contento con declararlo un sentido superfluo, se queja de su existencia, sugiriendo que no tenerlo nos ahorraría muchísimas sensaciones desagradables.

Se niega de plano un tipo de conocimiento contextual y práctico, referido a situaciones conflictivas de la vida cotidiana, en las cuales no podemos realizar una tajante separación entre sujeto cognoscente y objeto conocido. El olor no permite exterioridad ni distancia. Estamos imbuidos en él, como estamos en la existencia diaria acosados por fuerzas que nos envuelven y comprometen corporalmente, sobre las cuales, sin que medie separación posible, es imperativo tomar decisiones.

El conocimiento político que, como decía Aristóteles, es un saber del justo medio y de las fuerzas encontradas, sólo logra expresarse de manera plena en la metáfora olfativa. Expulsar el olfato del aula y de la escuela es tornar a los educandos anósmicos en lo que tiene que ver con el poder, a fin de someterlos bajo la figura de una razón que se presenta ecuánime, soberana y bondadosa.

La importancia del tacto

No tiene el tacto reconocimiento en los espacios escolares. Los niños deben permanecer quietos, atentos, con su mirada al frente, como si no fuesen significativos los gestos y vocalizaciones del profesor. Grave falta es insistir en explorar corporalmente a los compañeros. El tacto, el más emocional de todos los sentidos, el único que no está localizado ni focalizado en un solo órgano, pues se extiende por todo nuestro cuerpo, no tiene un lugar asignado dentro de los esquemas pedagógicos.

Cuando por alguna razón el niño no logra integrarse en la dictadura viso-auditiva de la escuela, bien sea porque necesita con urgencia del contacto táctil para mediar sus procesos de aprendizaje, o porque recurre con inusitada frecuencia a exploraciones olfativas, cae sobre él la censura, calificándoselo de discapacitado. Si no logra mantener el cuerpo quieto durante la hora de clase, con su mirada al frente y la atención disponible, la maquinaria educativa lo rechaza. Es este un grave error de las estrategias pedagógicas, pues son estos sentidos excluidos los que nos dan el conocimiento más directo de las relaciones de interdependencia con los otros, pudiendo afirmarse, en el caso del tacto, que es indispensable, incluso, para el desarrollo del pensamiento operatorio que nuestra cultura tanto se esfuerza en cultivar.

Al excluir el tacto y el olfato del proceso pedagógico, se niega la posibilidad de fomentar una intimidad y una cercanía afectiva con el alumno, a fin de perpetuar una distancia corporal que afianza la posición de poder del maestro, tornada ahora verdad incontrastable. Dicho manejo del espacio niega de plano, al estudiante, la posibilidad de integrar la dinámica afectiva a los contenidos cognoscitivos que se le entregan, bien sea en el aula o a través de los medios de comunicación, con lo que se mutilan sus posibilidades de saber y se perpetúa el autoritarismo.

La educación del tacto y el olfato es fundamental para afianzar el desarrollo de la sexualidad. En la vida íntima son los sentidos más comprometidos. Podemos decir, incluso, que la posibilidad de establecer relaciones duraderas y gratificantes desde el punto de vista afectivo y sexual reside, en gran parte, en la capacidad que tengamos de comprometer a fondo nuestras vivencias olfativas y táctiles.

Resistirnos a la posibilidad del contacto táctil es perpetuar una jerarquía del poder que alimenta de manera soterrada a las empresas burocráticas y militares, de las que tanto sigue necesitando Occidente. De allí que sea necesario repensar la estructura del espacio y la dinámica del aula, abriéndonos en nuestra singularidad y afianzándonos en una manera propia de percibir el mundo, a fin de validar un nuevo campo de interacción de los signos con los cuerpos, dinamizados ahora por una topología de los gestos que buscan provocar conocimientos al calor de roces tiernos y encuentros sugerentes.

La tarea del pedagogo es formar sensibilidades, por lo que debe pasar de la razón teórica a la razón sensorial y contextual, cincelando el cuerpo sin pretender atraparlo en la dureza del código o aplastarlo con la arrogancia profesoral que desconoce las potencialidades de la singularidad humana.

La escuela: ¿agarra o acaricia?

La escuela es agarradora cuando se niega a reconocer la urgencia fundamental del niño por fortalecer sus redes afectivas; cuando aplasta la singularidad y se torna sorda ante la diferencia. La escuela es agarradora cuando se centra de manera pedante en la información y el pensamiento binario y dualista, desconociendo la importancia de las cogniciones afectivas. Es agarradora cuando prima en ella una tensión por la eficiencia; cuando queda atrapada en una pasión uniformadora; cuando ante el niño que no se acopla a sus tensiones de homogeneización dice con displicencia: "Sufre un trastorno de aprendizaje".

Así como hemos querido llenar el mundo de monocultivos, también el aparato educativo ha pretendido formar seres estandarizados, similares, como si se tratara de monocultivos humanos, con lo cual atentamos contra la variabilidad necesaria para la estabilidad de nuestro ecosistema interpersonal. Nunca debemos olvidar que donde hay variabilidad encontramos también riqueza inmunológica, capacidad de responder ante las crisis y las catástrofes. Donde hay juego de diferencias, se fortalece el ecosistema en su conjunto. Pero hemos hecho tanto énfasis en el monocultivo —monocultivo de amigos, familiar, amoroso, educativo— que hemos terminado por empobrecernos a nosotros mismos.

Hacernos tiernos en la escuela es reconocer que dependemos de los otros, así nos irrite su diferencia. Es entender que no podemos decir en un acto de arrogancia: "No te necesito ni necesito tu afecto". Es aceptar que la ideología guerrera ha llegado a su fin; que somos débiles y frágiles; que sólo reconociendo esta fragilidad podemos comprender que la caricia es la llave maestra que nos abre la dimensión más profunda de la vida. Enrutarnos hacia la ternura no quiere decir olvidarnos de la dimensión oscura de la vida humana. Al contrario, es tener siempre presente, en el horizonte, la posibilidad de la crueldad, de la violencia, a la que con tanta facilidad llegamos los seres humanos, incluso en nombre de propósitos altruistas. El valor de la ternura reside precisamente en levantarse contra la violencia, pues la ternura actúa como una especie de conjuro, que impide que actuemos nuestro odio para exterminar al diferente.

El llamado a la ternura, al igual que todo llamado ético, se dirige ante todo a quienes tienen poder, en este caso a los padres y maestros, para que recurran a ella a fin de establecer un modulador en el uso de la fuerza. Cuando ejercemos algún tipo de autoridad —sobre los hijos, los alumnos, los ciudadanos— nos endurecemos porque nos da temor reflejar nuestras emociones, creyendo que si lo hacemos perdemos el respeto que nos deben quienes están bajo nuestro mando. Sospecha válida si queremos educar siervos, para lo cual es preciso establecer un respeto autoritario. Pero si queremos educar para la libertad, nada mejor que combinar el ejercicio de la autoridad con una gran disposición afectiva, apertura emocional que nada tiene que ver con la inconsistencia en la aplicación de las normas. Al contrario, es más fácil encontrar que personas autoritarias, que buscan someter al otro a su control, lo chantajea con el apoyo afectivo, cambiando las normas de acuerdo con las circunstancias y caprichos del momento.

Es pertinente recordar que lo que finalmente nos queda, después de muchos años de formación en la escuela o la universidad, no son tanto cadenas de argumentos o bloques de información, sino el recuerdo del clima afectivo e interpersonal que pudimos respirar. Lo que queda grabado en el recuerdo es el manejo autoritario o acariciador que las personas del entorno pusieron en práctica con nosotros. Lo que nunca olvidamos de los profesores es su actitud y su disposición corporal, el clima interhumano que crearon, aspecto al que no se da en ocasiones suficiente importancia al organizar los planes educativos. Las grandes decisiones de nuestra vida se alimentan de la calidez o la amargura que pudimos percibir en los climas afectivos que nos rodearon en la infancia.

Ternura y democracia

La ternura es tanto una realidad cotidiana, como un horizonte de humanización en permanente construcción; un modelo de convivencia que propende por una dinámica amorosa alejada del chantaje y la violencia. Sólo un espacio social abierto al cuidado y reconocimiento de sí mismo y de los otros, nos permite avanzar en una educación que tome en cuenta la inmensa necesidad de contacto y afecto que tenemos los seres humanos, sin avergonzarnos o chantajearnos por ello, ni obligarnos a reprimir las gratificaciones afectivas que anhelamos.

El aprendizaje más difícil, pero también el más importante del mundo contemporáneo, es aprender a ser ciudadanos. Aprender a ejercer la libertad, a elegir, a movernos en medio de los conflictos y de los juegos de poder, sin aplastarnos ni aplastar a quien nos acompaña. La civilidad, eje de la democracia, es apostarle con gozo a la defensa de la singularidad y la diferencia, a la congestión de la vida social, haciendo uso de una fuerza delicada que podemos comparar con la caricia que compartimos con el ser que amamos. Por eso, los primeros aprendizajes de la política los realizamos en la vida familiar y escolar, a partir del respeto que mostramos hacia los otros y la disposición a comprometernos con ternura en los retos que impone la vida diaria.

Asumir una educación y convivencia desde la ternura es asumir también una educación ciudadana y política, capaz de hacer de la afectividad una fuerza estética y acariciadora, dejando de lado los sistemas de terror y avergonzamiento. De esta manera, y por ser el caldo de cultivo donde germina y crece la singularidad, la ternura adquiere el carácter de auténtica sinfonía de la democracia.

Pedagogía de la ternura

Una pedagogía de la ternura no tiene por qué confundirse con el facilismo y la melosería. Como se corre el peligro de tornar vacua la palabra, es importante afirmar que la ternura es todo lo contrario a sumisión o complacencia con la violencia y el maltrato. Si se pudiera escoger un animal como símbolo de la ternura —animal totémico, como en la sacralidad indígena—, éste sería el gato.

Doméstico pero a la vez salvaje, el gato es un animal que no obstante su disposición al arrunche, no se deja maltratar. Si le ofrecemos caricias, allí estará restregándose contra nuestro cuerpo, recibiendo y ofreciendo calor. Pero si lo maltratamos, sacará sus uñas, y si insistimos en hacerle daño, marchará por los tejados hasta perderse. Jamás se ha escuchado de un gato que haya sido sorprendido en el acto de planear el asesinato de su amo.

No; la eliminación del otro es incompatible con la ternura. Tal inhibición ética no impone, por demás, censura a nuestra irritación o desagrado.

Porque la ternura es a la vez la caricia y el rechazo visceral a la violencia. Es imposible asumir una actitud de cuidado, de fomento al crecimiento del otro, si soportamos pasivamente la violencia en la intimidad. Sin darnos cuenta, terminaremos, por cualquier vía, pasando de víctimas a victimarios. Políticamente, en un mundo armado hasta los dientes y cruzado por vientos de guerra, ser tierno es afirmarse como un insurgente civil, alguien que asume el conflicto sin eliminar al contrincante, que se siente orgulloso de ser un ciudadano desarmado. Ante la violencia en la vida cotidiana, debemos ser tajantes y como los gatos decir: "No".

Avanzar hacia climas afectivos donde no agarremos, sino que acariciemos, donde la dependencia no esté condicionada a que el otro renuncie a su singularidad, donde no permitamos chantajes afectivos, donde la ternura se haya convertido en paradigma fundamental, parece ser la tarea fundamental del pedagogo. Cuando pienso en el aserto que califica a los pedagogos como "formadores de hombres", constato de qué profunda manera podemos retomar esta afirmación. El pedagogo es un escultor de sensibilidades. Así como al artista se le entrega la piedra o el lienzo para que produzca una obra, también a nosotros se nos entregan seres humanos para que les ayudemos a cultivar su sensibilidad, de tal manera que alcancen un estado estético donde sea posible la plena expresión de la fuerza que los caracteriza.

Para ello debemos permitirles beber en las fuentes de la interpersonalidad, saciando su sed afectiva y de conocimiento, sin condicionar esta entrega a que moldeen su comportamiento de acuerdo con nuestros caprichos. La belleza, sabemos, no reside tanto en lo alto o en lo bajo, en la complexión corporal o en los rasgos faciales. La belleza, en cualquier persona, depende de la capacidad que tenga de expresar la fuerza que emerge de su singularidad. Por tal razón, la violencia íntima nos afea, colocándonos en una dicotomía asfixiante e insoluble. Someter a otro al chantaje afectivo es tanto como colocarlo en una cámara de tortura, quitándole lentamente el oxígeno para que acceda a cambiar su comportamiento. El temor que presentamos a la intimidad y la torpeza afectiva que nos caracteriza, tienen directa relación con la costumbre bastante extendida del chantaje afectivo. Hombres y mujeres, niños y ancianos, lo viven a diario. Así se explica la inseguridad que se genera en la cercanía afectiva, pues sabemos que depender afectivamente de otro, o de otros, es exponernos fácilmente al maltrato y la manipulación.

El propósito final de moldear sensibilidades requiere de tacto y delicadeza, de un acompañamiento pasional que no debe confundirse con la simple alcahuetería. Ha sido precisamente en medio del fragor de las batallas, de las catástrofes y de la miseria, donde ha surgido históricamente, y de manera más plena, la posibilidad de la ternura. Es en medio de la dificultad y no de la opulencia, donde con más frecuencia se construyen estrechas redes de apoyo y solidaridad. Independientemente del sector social a que pertenezcamos, de la riqueza o la pobreza que padezcamos, todos estamos atrapados en las garras de la funcionalización, sin que las diferencias sociales aparezcan en este caso como un factor especialmente facilitador o protector del entorno afectivo. Encontramos miseria afectiva en medio de la opulencia y también en medio de la marginalidad y la indigencia. Y aunque no es fácil encontrar en la vida cotidiana —en la calle, en el trabajo, en la familia— expresiones sostenidas de ternura, también es cierto que renunciar a su búsqueda sería tanto como renunciar a una visión cálida de humano. La ternura no crece espontánea en la selva social. Hay que cultivarla, con esmero, sin decaer en ningún momento de nuestra vida.

Se ha dicho algunas veces que la pedagogía de la ternura es una excelente propuesta para niños, porque con los adultos ya no hay nada que hacer. Quien piensa de esta manera está, como dice la gente, desmontándose por las orejas, suponiendo que en algún momento vamos a tener contacto con niños en estado puro, sin relación con adultos maltratados o maltratadores. Además, tampoco los niños escapan a esta crisis ecológica de la interpersonalidad. Desde muy temprano ellos aprenden a usar las armas del maltrato afectivo y quedan también atrapados en la manipulación y la funcionalización. Todos estamos lisiados por esta larga guerra, para la que nunca nos pidieron consentimiento. Y es con estos lisiados, con quienes debemos emprender la reconciliación de nuestras relaciones interpersonales, no sólo porque todos los seres humanos tenemos derecho a una vida diferente, sino porque, como sucede con las campañas de vacunación, ningún sector poblacional puede quedar por fuera, ya que se convertiría en foco reproductor de un tipo de relaciones que se hace necesario transformar.

De lo que se trata, entonces, es de emprender una revolución en la vida cotidiana, que en principio no tiene por qué comprender un espacio mayor al que logremos abarcar con la mano extendida. Si en ese entorno inmediato, sin necesidad de ir mas allá del cuerpo, empezamos a dar una lucha activa contra la funcionalización sexual y la violencia, a plantearnos la necesidad de acariciar y no agarrar, a perfilar un clima de sensibilidad donde lo más importante sea el respeto al otro, avanzaremos en esta estética interhumana, en esta disponibilidad para la ternura que resume, de manera magistral, la educación ética que nuestra época necesita.

Epílogo

Acoger la ternura como paradigma educativo implica una conmoción de la escuela tradicional dominada por el eficientismo, centrada en la nota y en la acumulación de conocimientos.

Implica abandonar la ética normativa y pensar el acto educativo desde la estética social, es decir, acercarnos al niño o al joven como a una obra de arte que debemos ayudar a construir.

Implica ampliar el restringido esquema viso-auditivo imperante en la escuela y enrumbarnos hacia la educación del tacto, del gusto y del olfato.

Implica no considerar como problema de aprendizaje la resistencia de niños y jóvenes a la imposición de homogeneidades.

Implica ser acariciadores, no agarradores, pues acaricia aquel que no impone ni inmoviliza, sino que propone suavemente, sugestivamente, pero suelta para esperar la reacción libre del otro.

Implica que la escuela sea un medio para el cultivo de la singularidad y no un lugar de aplastamiento y fábrica de seres homogéneos.

Implica que los maestros, en vez de considerar la ternura como un acto de debilidad, la juzguen como un acto de valor y de poder, es decir, de libertad, porque equivale a renunciar a la eliminación de la diferencia y a tomar la decisión de no utilizar mecanismos de violencia.

Implica decidirse a abandonar el analfabetismo emocional, para aprender y enseñar a manejar con libertad lo que nos hace humanos: el afecto.

Implica considerar al otro como un lugar sagrado.

Implica perderle el miedo al desorden y creer, por el contrario, que el desorden es fuente de creación.

Implica permitirles al niño y al joven que experimenten con todos sus sentidos en conjunto, para que aprendan a confiar en sus cogniciones afectivas.

Implica que busquemos una relación de intersubjetivación con nuestros alumnos, contactándonos con ellos por medio de una comunicación implicativa, emocional y envolvente, tanto como hasta ahora lo hemos hecho a través de la comunicación explicativa.

Implica no remitir al psicólogo, para que lo meta en el redil, al alumno que cuestiona los valores y modelos imperantes, sino reforzar cálidamente la divergencia de ese niño, sin que se estrelle inútilmente con la norma o quede atrapado en el círculo vicioso del sufrimiento.

Implica que nuestra tarea educativa fundamental es educar para la libertad.

Implica, en fin, creer que las mejores notas de la sinfonía humana se escuchan cuando favorecemos la singularidad de cada uno de nuestros alumnos.

Indice

Prefacio   7

Primera parte
El ámbito erótico: tejido sexual y afectivo   15

Sexualidad: cruce entre naturaleza y cultura   16
Estética social   18
Recuperando la metáfora   19
Sexualidad: dinámica sacra   20
Afán de obviedad   22
Fomentando la imaginación   23
Ingresando a un mundo erótico   25
Conciencia humana: razón y fantasía   28
Reconstrucción del espacio dialógico   31

Segunda parte
Seducción y fantasía   33

El pastorcito mentiroso   34
Perdido en Nemocón   35
La nariz de Pinocho   36
Los viajes de Andrés   37
Lógica de la verdad y lógica de la seducción   38
Unos ojos coquetos   39
El peligro de saberlo todo   41
Afianzando su propia fuerza   42
Reciprocidad: dar y recibir   43
Recreando el goce compartido   45
Ser y tener   48

Tercera parte
Pareja: misterio de la solubilidad   53

Conflicto sublime   54
La gallina de los huevos de oro   58

Reciprocidad y género	61
¿Qué es una pareja?	64
Construir pareja: esfuerzo de cada día	67
Amor y odio	69
Un lugar sagrado	70
Pareja: tacto y sabiduría	72
Pacto de ternura	74

Cuarta parte
Educación sexual: diálogo intergeneracional — 77

Ecosistema afectivo	78
Pertinencia del apoyo afectivo	79
Convocando los sueños compartidos	83
Formando sensibilidades	85
Educación centrada en lo sensorial	87
Reconstitución de los lazos afectivos	88
Sensibilidad no autoritaria	89
Taller ininterrumpido	90

Quinta parte
Sexualidad y sabiduría — 93

Dictadura de la vista y el oído	94
Experiencia tacto-olfativa	96
Aprendiendo a oler	97
Recuperación del olfato	98
La importancia del tacto	99
La escuela: ¿agarra o acaricia?	101
Ternura y democracia	103
Pedagogía de la ternura	104

Epílogo — 109

TALLER SAN PABLO
SANTAFE DE BOGOTA, D.C.
IMPRESO EN COLOMBIA — PRINTED IN COLOMBIA